「共に生きる」未来をひらく発達支援

北川聡子・古家好恵・小野善郎［編著］

福村出版

はじめに

一九九八年ころだったと思います。北欧の進んだ福祉を学ぶためにノルウェーに行きました。当時ノルウェーのオスロの市長をなさっていた手と足に障害があり義足であったセーボネスさんに出会いました。セーボネスさんは、「私は、障害のある人をまんなかに置いた街づくりをしてきたのよ。それがみんなの幸せにつながることだから」とおっしゃっていました。その言葉はわたしの心の奥底に刻まれました。

それから二十五年が経ち、二〇二三年四月、こども家庭庁がスタートしました。日本も「障害のある子どもも含めたこどもまんなか」の時代、みんなが一緒に地域で生きていく時代の実質的な幕開きです。

今までは子どもの施策は、障害児支援、社会的養護、一般子ども施策と大きく三つに分かれていました。このうち障害児支援は、サービスの支援体制が障害のある成人の制度と一緒になっていたため、日本では同じ子どもでも障害児の施策は別と、なんだか社会のなかで孤立に追い込まれているような感じでしたので、今回一緒になり障害のある子どもも同じ日本の子どもとして制度的に位置づけられたことは、本当にうれしく思っています。

実は、二〇一六年度から二年間日本財団の助成をいただいて、むぎのこを事務局に障害児支援、社会的養護、保育園、こども園の先生たち、地域包括支援の研究者のみなさん、政策をつくっていた行政の関係者のみなさんと、すべての子どもが日本の大切な子どもという理念で「日本の子どもの未来を考える研究会」という研究会をしていたのです。

その成果は、『子ども家庭福祉における地域包括的・継続的支援の可能性』（柏女、二〇二〇）にまとめられました。二〇一五年ころからずっと障害のある子どもも一緒になった、より良い子ども施策が私たちの願いでしたので、八年後にさまざまな方がたの尽力でこども家庭庁ができたことは本当に驚きでした。

子どももひとりの人間として人格や意思があり、自らの権利を行使できる子どもが権利の主体であるということ、その子なりの自己実現ができるように、いろいろな意味で「こどもまんなか社会」をスローガンに、こども家庭庁は頑張ってくれています。

私たちは現場で障害のある子どもを支える立場の者として、インクルージョンの実現のためには、制度の構築だけではなく支援の質が問われていると思っています。

私は、むぎのこのこれまでの経験から、成長する子どものためには、制度という準備ができてから現場が動くのではなく、制度ができる前に、また制度がなくても動いていかなければならないと思っています。

新型コロナウイルス感染症感染拡大のために、海外に行って学ぶ機会が本当に少なくなっていましたが、新型コロナウイルス感染症が5類感染症に移行してやっと海外に行けるようになったので、さっそくインクルージョンが進んでいるフィンランドとスウェーデンの幼児教育とイタリアの学校のインクルージョンの実状を学んできました。

スウェーデンでは以前、障害のある子どもの保育園がありましたが、今回の訪問ではそれがなくなっていて、一般の保育園に一クラス十五人くらいの子どものインクルージョンクラスがありました。クラスは障害のある子どもとない子どもと半々で、そのクラスはほかのクラスより手厚い先生の配置がされていました。先生のひとりは、特別支援の先生で、働きながら障害児支援の資格を取った先生でした。そのほかに市のほうから特別支援のための職員の定期的な巡回があり、また、市のハビリセンターから派遣される作業療法士（ＯＴ）、理学療法士（ＰＴ）、言語聴覚士（ＳＴ）、心理士の支援もありました。

このインクルージョンクラスは手厚い職員の配置であるため、小さなときから障害のある子どもも一緒に生活できることをあえて選択する、障害のない子どもと保護者の希望が多いということにも驚きました。

フィンランドも同じように小学校のクラスにはサポートの先生がついていました。見学した小学校の女性の校長先生がまず最初に、「障害のある子どももない子どもも、移民の子どもも含めて、この学校の大切な子どもです」と言われたのには感銘を受けました。日本でもそのようにおっしゃる校長先生は、きっとたくさんいるのではないかと思いますが、さすが北欧の女性は躊躇なく「大切な子ども」と語ってくれたのが印象的でした。

イタリアでは九十九パーセント以上インクルーシブ教育だということが私にとっては謎でしたが、イタリアの特別支援教育は、イタール、セガン、モンテッソーリなど、長い歴史と教育哲学があり、その裏付けがインクルーシブをかたちづくっていることがわかり、発達支援や特別支援教育とインクルーシブが対立概念ではなかったので納得できました。

そして、学校が地域で孤立していないで、保健機構が子どものときから切れ目なく一生にわたってサポートしながら支援計画をいろいろな職種でつくっているということで、日本でいえば保健センターと医療と相談支援が一体化したような感じでした。

国によってそれぞれ制度や事情は違いますが、日本ではいろいろな人たちが障害のあるなしにかかわらず尊重していける国になるのか、これからに期待しながら私自身も努力していきたいと思います。

前著『子育ての村「むぎのこ」のお母さんと子どもたち』(二〇二一)のテーマは、「苦労を引き受けて、共に生きる」でした。支援を受けたお母さんや子どもたちの語りを通して実践を紹介しました。

今回は、生涯にわたるウェルビーイングの基礎となる子どもの時期にどのような支援が必要なのかを、子どもの健やかな育ち、発達に心配のある子どもにとっての育ちで大切なことは何か。私たちが右往左往し、繰り返し繰り返し迷い、悩み、戸惑いながらも、現場の子どもたちやお母さんたち、お父さんたち、そして日本や世界で実践している先生たちに、これまで学んできたことを含めて、子どもの育ちを育んできた、むぎのこの四十年の実践をまとめています。もちろんむぎのこの支援だけで子どもは育ちません。これらは地域のなかで関係者と力を合わせてみんなで継続的におこなってきた支援です。障害のある子どもたちが今も、そして大人になっても差別されず尊重し合えるためには、そして自己実現をそれぞれに可能にするためにはどうしたらいいのか、多様性の尊重のためのインクルージョンについても考えていきたいと思います。

この本が多くの人に読まれて、子どもや子育ての関係者と共に、子どものウェルビーイングの一助になれたら幸いです。

【文献】

柏女霊峰編著（二〇二〇）『子ども家庭福祉における地域包括的・継続的支援の可能性』福村出版

＊本文中に前書（前著）、前々書（前々著）という表現が出てきます。前書は、『子育ての村「むぎのこ」のお母さんと子どもたち』（二〇二一年刊）、前々書は、『子育ての村ができた！ 発達支援、家族支援、共に生きるために』（二〇二〇年刊）を指しています。

◉もくじ

第二部　むぎのこ式発達支援

【編集部より】本文中に出てくる事例は、プライバシーの保護のため加工・修正してあります。人名については、本人の了解を得ているもの以外はすべて仮名にしてあります。むぎのこの表記について、法人を示すときは「麦の子（会）」、それ以外は「むぎのこ」で統一してあります。

第一部

発達障害と共に生きる

第一章　大人になった「元園児」たち

今日は草木類のゴミ収集日。ガーデンがあるパークタウンの八月は、カットされた草木がたくさん出て大きなゴミ袋に十個以上になります。その一つひとつがとても重いのです。

その日の朝、二十七歳になった自閉症のタケルさんが、六時半のラジオ体操を子どもたちとおこなったあと、むぎのこガーデナーの杉山さん（ファミリーホームのパパ）と一緒に、袋に入った重い草木をゴミステーションに運んでくれています。

「タケルさん、ありがとう！」

と言って、私は二日続けて雨だったので近くのコインランドリーに出かけました。

コインランドリーからの車での帰り道、五百メートルくらい離れたところにあるグループホームに帰るためにひとりで歩いているタケルさんにまた出会いました。

少し体を揺らしながら楽しそうに歩いている姿に、彼の人生の満足度が現れているようでした。私もその姿を見てなんだかとてもうれしくなりました。

その様子を見ながら、タケルさんが幼児期に自閉症の診断を受け、むぎのこに来たころの日々が走馬灯のようによみがえりました。

三歳のころのタケルくんは、人や物へのこだわりが強く、大切なミニカーが目の前からなくなったり、お母さんや担当保育士がその場からいなくなるとパニックになり、泣くことが多い日々でした。そしていつも大好きな車関係の雑誌を手に持って自分の不安な気持ちをおさめていました。

タケルくんのお母さんの本音は、「むぎのこは、こんな遊んでばかりで、もっとこの子に役に立つ、結果が出るような専門的なことをしてほしい」と思っていたようです。「こんなことして意味あるの？」という疑った目で私たち職員のほうを見ていた感じです。

それでも毎日の療育のなかで少しずつパニックは少なくなり、タケルくんはミニカーがなくても、楽しく園庭でターザンロープなどの遊びや、集団遊びにも参加できるようなりました。

今の児童発達支援のありかたとして、作業療法士（ＯＴ）、理学療法士（ＰＴ）、言語聴覚士（ＳＴ）、心理士らによる個別の支援を主にしたところがあります。三十分から四十五分子どもと遊んで、十五分親御さんに説明するというありかたです。

そのありかたも幼稚園などで主に生活している子どもにとっては必要なありかただと思います。

なぜなら、今日の支援のありかたは、自分の若いころを振り返ってみると、すごいなと思うからなのです。私たちがむぎのこをはじめたころは、専門職といえどもあまり経験も実践も積み重ねがなく、子どもそのものの存在のありかた、大人になったときの姿もあまりイメージできないで、お母さんたちに子どもの発達のことを話せることはできなかったですし、それだからお母さんたちから何度も叱られたり、苦情があったりの繰り返しでした。

発達支援は、理念やスーパーバイズ（ＳＶ）体制も必要ですし、知識はもちろん経験も専門性も必要とする仕事です。ですから今思えば私たちは、スーパーバイザーもいない、専門性もないので、発達のことも子どもの変化のことも言語化できませんでした。

そのため親御さんには信頼されないという繰り返しだったのです。

私たちの行動と子どもの変化の結果でしか納得してもらえませんでした。とにかく若さゆえに、月二回は日曜日に研修会に参加しながら学校の先生や先輩から教えてもらい、一生懸命取り組むしかありませんでした。

タケルくんのお母さんは、少し変わってきたわが子の姿に、「一緒に生活しやすくなったし、まあかわいいし、なんだかこれでいいか」と消極的にではありますが、これからもむぎのこに通うことを決めたそうです。

思春期には車好きが高じて、地域のマンションにとめてある車のナンバープレートを自分で勝手に取ってしまい、警察のお世話になりそうになったこともありました。新型コロナウイルス感染症の流行のときは、不安が強くなり一方的に「俺は、もう解除された？・」と感染したときの不安などを何回も繰り返し口にすることもありましたが、グループホームと生活介護、週末には家に帰り、時どきはお出かけしながら、今ではまあまあ安定した暮らしを送っています。

最初は私たちに疑いの目を向けていたお母さんも、二十年間お母さんたちと助け合って子育てし、お母さん同士、お父さん同士、横のつながりができると、わが子だけではなく、ほかの子どもも一緒に育てて、山や海に行ったり、キャンプに行ったりしました。また放課後等デイサービスや、ヘルパーの制度がない時代でしたから、親同士、職員と一緒になって子育てしてきました。

制度ができると、タケルくんたちのお母さんたちは先輩お母さんとして（タケルくんのお母さんたちの代をむぎのこでは「フロンティアグループ」と呼んでいます）、若いお母さんを助け、同じような困り感のある子どもたちのためにヘルパーとして支えてくれています。今でもタケルくんのお母さんは老体に鞭打って、ショートステイを利用する子どもたちをかわいがってくれています。

このタケルくんもそうですが、四十年以上自閉症の子どもたちにかかわってきました。自閉症の子どもたちの支援にはいろいろな方法があります。私たちも日本のすぐれた実践、また世界からさまざまな実践を学びながら、何よりも目の前の子どもたちのニーズに寄り添っていくうちに、少しずつ発達支援の方向性が見えてきましたが、一番教えてくれたのは子どもたちでした。

いろいろな知識を学んでも、実践するのは私たちです。一口に障害のある子どもといっても、さまざまなニーズがあります。さらに自閉症といってもいろいろなタイプの子どもがいるわけで、同じく自閉症と診断されたヨウタくんとケンヤくんも診断名は同じ自閉症でも、人としての個性は違うわけです。また職員の思いもそこに絡んできます。

タケルくんと同じ自閉症のヨウタくんは、一人っ子で少し過保護気味に育ちました。紐を振り回すことが好きで、ちょっとしたときにいろいろなところから紐を見つけては振り回していました。集団遊びのときに紐を預かると、本人は「わかった」と言って渡してくれましたが、お母さんから「ヨウタの好きなものをどうして取りあげるのですか」と怒られたこともあります。その関係性のなかでお母さんやお父さんは、いい意味で「ボクの味方」だと思って育ったヨウタくんです。

今でも職場で嫌なことがあると必ず、「お父さん聞いてください。シマダさん（職場の上司）にこんなこと言われました。ひどいです」と、お父さんに言いつけの電話をするようです。

それを聞いたお父さんは、さすがに二十代後半のわが子に対して、「ヨウタ、シマダさんの言うことを聞いてまじめに働きなさい」と言ってくれます。

お父さんはかつて古家先生に、「ヨウタくんは、かわいがられて育ってきたから社会の鏡であるお父さんの父性が必要ですよ。ヨウタくんは社会人なんだから少し厳しくしても大丈夫です」と言われたことがあります。目のなかに入れても痛くないヨウタくんですので、お父さんが頑張って厳しくしているともいえます。

味方になってくれると思ったお父さんに、「シマダさんの言うことを聞きなさい」と言われてしまい、しぶしぶ職場に戻り仕事を再開するヨウタくんです。

成人期になっていますが、家族と職場との連携の繰り返しのなかで、少しずつ心が大人になってきているようです。

ヨウタくんの趣味は、自転車で巡って食べ歩きをすることです。特に焼肉が好きで、週末は札幌市内の焼肉屋さんを自転車で巡って食べ歩いているということです。

コロナ禍（新型コロナウイルス感染症感染拡大）の間は、煙の出ないカセット式コンロ型のグリルをお父さんに買ってもらって、家で毎週焼肉を食べていたそうです（これも過保護気味ですが）。最近はまた焼肉店巡りを再開したようです。でも外食にお給料と年金を使いすぎてお母さんに怒られてしまいました。

ヨウタくんは、ほとんどの動物の名前は英語で言えます。たとえば、「ヨウタくん、英語でサイはなんていうの？」とこちらから質問すると、「ライノセルスです」とすぐ答えられます。

インクルーシブ世界会議などで海外に行っては、必ずその土地の動物園巡りをすることにしているようです。付き添いの職員とその町の動物園を調べて行って帰ってくるためには、英語を駆使しないといけないので職員は必死の対応です。インクルージョン国際育成会連盟世界会議で行ったイギリスのバーミンガムでは、やはり大会の合間をぬってバスを乗り継いで動物園に行ってきました。マイアミの世界会議のときは、会議をそこそこにして、世界中の野生動物や鳥たちが暮らしているディズニー・アニマルキングダムというテーマパークに二日間とも通っていました。

こんなに動物好きなヨウタくんですが、実は本物の動物がそばに来るのは嫌いなのです。近所でもペットの犬が散歩しているのを見ると、背中をのけ反らせて怖がって必ず避けて通るほどです。

ケンヤくんは、幼児期は多動で言葉がない、典型的な知的障害を伴う自閉症の診断がある子どもでした。思春期には唾を吐いたり、服を脱いだり破ってしまうこともありました。そのため家庭生活が大変になり、半年ほど遠軽のひまわり学園にお世話になったこともあります。

ケンヤくんのお父さんはサラリーマンですが、週末には、夏は隣町のむぎのこが借りている廃校となった旧中小屋小学校の整備や草刈り、冬は除雪と、とてもとても働き者で、地域のシングルマザーの家の子どもを銭湯に連れて行ってくれたりする、むぎのこ村のお父さんです(前々書参照)。

ケンヤくんも十八歳を過ぎたころから、お父さんのそばで刈った草を運んだり、朝暗いうちから自分の家だけではなく地域の除雪をしたりする、今ではまじめな働き者に成長しました。

夏は、旧中小屋小学校を会場にみんなでキャンプをします。夜は暑いので今年は野外でフェスティバルをおこないました。みんなが順番に歌って踊っているのを見ると、楽しくなったのかケンヤくんは自分から舞台に上がってマイクを持ってケンヤくんなりに歌って少し体を揺らして参加しました。その姿はとても満足気で見ている私たちもうれしくなって、歌に合わせてたくさん手拍子をとりました。

タケルくん、ヨウタくん、ケンヤくん、幼児期に知的障害と自閉症と診断された三人ですが、この三人だけでも当たり前といえば当たり前ですが、三人それぞれ違った道筋をたどり、違ったタイプの大人になっています。

もちろん家族背景も生育歴も違うし、タイプ、特性も違います。ですので、それぞれに合ったオーダーメイドの支援が本人にも家族にも必要なわけです。

アタッチメント（愛着）を大切にして育てていくと、自閉症の方であっても良い関係性をベースに、かれらの意思を聞きながら世界を広げていくことができます。

ただ、対人関係ではコミュニケーションにおける他者感覚で人をとらえることなどの共感性のむずかしさがあり、相手の気持ちを理解することが苦手だったりします。もちろん柔軟性のなさ、思考の狭さ、視野の狭さなどがベースにはありますが、かれらなりのコミュニケーションの取り方があり、それもまた多様性があって楽しいものです。

特性に合った支援は、生活のしやすさ、困り感も含めてトータルにアセスメントし、かれらを理解し肯定的にとらえ、家族支援も含めた、その子に合ったサポートをつくりあげなければなりません。

また、かれらがどんな障害であっても、人としての思いがあることは当然なわけで、そのこと抜きに支援は考えられません。

これが正解ということはありませんが、手探りながらも四十年もの間、走りながら学び、考えながら実践してきました。

自閉症の乳幼児期の子どもたちに必要なことは安心感です。その安心感はそれぞれの特性に合わせたり、わかりやすかったり、見通しをもてたりする環境の安心感とともに、どれだけ気持ちをわかってもらえたかという安心感とその環境による自己肯定感が大切です。

自閉症の方には人の刺激が良くないという方もいますが、それは乳幼児期、子ども時代の支援環境に影響されたのかもしれません。

むぎのこの心理相談支援部長の武田先生は、「特に自閉症の子どもは、一回の楽しいかかわりでも覚えている」とよく言います。気持ちのチャンネルが合った楽しさは、本当に覚えているということです。

私も実践のなかでそのことを感じますが、その「反対」もあるので気をつけていかなければなりません。そして自閉症の当事者ドナ・ウィリアムズさんも語っていますが、成人期になった当事者の方たちから、振り返ってどんな支援が良かったのかを教えてもらうことも大切だと思います。むぎのこには、むぎのこで育った当事者の青年たちがたくさんいますので、いろいろと教えてくれます。自閉症と診断された先輩の声を聞かせてもらったとき、職員には「やさしさ」「親切」「明るさ」があればいいと語ってくれました。

このように同じ自閉症と診断されても、支援する際は、子どもをまんなかに置いて子どもの思いを聞き取り、それぞれの子どもに合わせてトータルに、また家族の願いを合わせて複数の目で見立てて、個別の支援を組み立てていくことが大切だと思います。医師の診断や、発達検査、発達特性、行動の評価などフォーマルなアセスメントとともに、かかわる先生方の専門性からの意見や保育士たちのエピソードなど、主観も入り交じっていていいと思います。

むぎのこ発達クリニックでは、普段の診療とともに月二回、札幌市子ども発達支援総合センター・ちくたくにもかかわっている上田先生が来てくれています。上田先生は児童精神科医で、児童相談所の措置で思春期になってむぎのこに来た子どもと、在宅でも比較的困り感の高い子どもを中心に診てくれています。

診察とともに、本人や家族の意思を確認してオープンダイアローグ（注）のように、本人、家族、

（注）開かれた対話。入院治療・薬物治療を用いずに、患者、家族、関係者と専門家チーム（医師、看護師、心理士など）が車座になって患者の症状（状態）が改善するまで対話する治療的介入法。統合失調症患者への療法として一九八〇年代からフィンランドで実践され、うつ病、ひきこもり、発達障害など精神疾患の治療にかぎらず多方面で注目、利用されている。

里親、医師、クラスの担任（児童発達・放課後等デイサービス）、ソーシャルワーカー、心理士、ショートステイの職員、一時保護所の職員、ヘルパーなどが入って、みんなで上田先生と本人、家族とのやりとりのなかから、本人の思いと支援の方向性を見出していきます。そのときの上田先生のアセスメントの取り方の細かさから、私もあらためて見立てをするための聞き取りを学んでいます。不思議なことに本人が納得したときには、場の雰囲気が大きく変わるのです。みんなで本人や家族の意思を共有して支援を組み立てていくときに、みんなの心が動き支援も変わります。そして日常の大変さにばかり目がいきがちな現場の職員の本人への理解が深まり、支援がチームで変わっていきます。現場の職員も安心して自信をもって支援ができるようになるということも重要なことかもしれません。これはまさにバイオ・サイコ・ソーシャルアプローチ（「体」「心」「社会」の三つの側面から理解しアプローチすること）です。その関係性はある意味対等です。

このようななかで、自閉症だからこうだというステレオタイプで子どもを見るのではなく、一人ひとりの子どもを理解して、それぞれの違いを理解したうえで、ありのままの子どもを受け止めていく、そのうえでオーダーメイドで柔軟な発達支援が求められているのではないかと思います。

私たちも今まで、そして今もですが、専門家の方がたに助けられています。一生にかかわることですから常にいろいろな知見を取り入れて、時にはコンサルテーションの先生の手を焼かせ職員を支えてもらっています。

何を言われるのかと、おそるおそるケースを出すコンサルテーションもあります。それはその先生が、一人ひとりの職員の本質も見抜かれるからなのです。人は変わることを恐れます。でも自分のことを知らずして人の支援はできません。この壁と向かい合っていかなければならないのも支援者の本分です。基本的には共感が大切ですが、対峙によって「あなたのテーマはこれです」と提示することも共感と車の両輪であるといわれています。

あるコンサルテーションの先生のアドバイスです。

「あなたはそこそこ根性もやる気もあるはずなのに、目立たないでやろうとする。ずるさに負けているように思う。」

少し厳しいアドバイスに聞こえますが、このようなことを言ってくれるのは、その職員が支援者としてプロになりたいという思いがある段階だからだと思います。また先生が自閉症の支援というものの本質をとらえているからだと思います。支援には、「専門性」と「人間性」が求められるといいますが、自閉症の子どもや大人への特性をとらえた支援のありかたに加えて、人間性の部分の振り返りまで伝えてくれます。

私もアメリカの臨床心理の大学院で三年間で五十時間くらい個人セラピーを受け自己探求をおこない、自分がセラピーでもちやすい考え方、投影とその対処などについて学びました。それはクライエント側になる体験でもあります。そして大学院卒業後も年二回くらいカウンセリングを受け続けています。自分自身の弱さも良さも含めて自分自身を整えていくことが、本来この仕事をする場合とても必要なことだと思っています。

子どもと家族との関係性も大切です。困り感の高いときは、社会的なサービス（支援）を早めに入れることも必要になってきます。ソーシャルワーカーの頑張りどころです。昔のように親に自己責任を課す支援ではなく、根底にある困り感に寄り添っていくことが大切だと思います。お母さんたちも支援のなかで変わっていきます。

そして、お母さんたちに対する「信頼・共感」、そして人生のテーマに対して向き合うことが必要なときもあります。「向き合うこと」ということに耐えられない自我の段階ももちろんありますので、ここもまた見立てが必要です。先行く先輩がいたり、仲間がいたりで自己探求が深まります。

特にむぎのこのお母さんたちには、実子の子育てより里親をしてからが、今まで以上に自己探求が深まる人もいます。実子だと、子どもに困り感が生じたときに、どうしても自分が悪いのかなと思いがちで自己探求がむずかしいことになりますが、里子は少し距離があり、社会的サポートも受けやすく、客観的に子どもを見られる分、自分のことにも気づきやすいのかと思います。自分への自己探求には安心感が必要なようです。

いずれにしてもむぎのこでは、グループ・個別カウンセリングともに日常的におこなわれています。

カウンセリングは、心を病んでいる人が受けるものというイメージが強いようですが、自分のメンタルヘルス、心の調子を整える、自分の気持ちの整理整頓、出会った出来事に対するとらえ方など、気づきは自分自身でするものですが、心の支援サポートのためにもう少し身近にカウンセリングがあったらいいと思います。

第二章　むぎのこの療育・発達支援
――困り感を起点とする支援

一　さっぽ・こども広場

むぎのこに来る子どもの多くは、札幌市保健センターの一歳半健診、三歳児健診で言葉の遅れや対人関係のやりとりに心配ある方です。それで子育て支援の場である「さっぽ・こども広場」で札幌市のベテラン保育士さんや心理士さんのサポートを受けて、その後、幼稚園や保育園やむぎのこのような発達支援の場に来ます。

「さっぽ・こども広場」は、「さっぽろ」＋「サポート」＝札幌っ子のサポートの愛称です。児童相談センターや各区の保健センターや児童会館で、保育士や心理担当職員が子どもの発達支援をし、お母さんの悩みや相談に応じています。

このさっぽ・こども広場ができてからは、療育が本格的にはじまる前に札幌市のベテランの保育士さんや心理士さんたちが、親子に遊びを通して支えてくれているおかげで、子どもの状態やお母さんの心理面が安定したという実感をもっています。

さっぽ・こども広場は、発達に心配な子どもと保護者が最初に受け止められる大切な場になっています。保健センターで保健師さんが、子育て支援が必要なお子さんにさっぽ・こども広場を紹介した場合、保健師さんとさっぽ・こども広場の担当の方と連絡をとり、ていねいな引継ぎがなされると聞いています。もし、さっぽ・こども広場に何らかの事情で来られないときは、保健師さんが家庭訪問をするなど、独りぼっちの子育てにならないように支えているということでした。

このことは簡単なことではありません。保健師さんが心配だと思った親子のために、家庭訪問を何度も繰り返してくれたという話を当事者のお母さんから聞いたことがあります。お母さんは、「そのたびに断り、門前払いをしてしまった」と言っていました。訪問しないほうが、親の自己選択ともなるし、関係性も悪くならないという判断もできたかと思います。でも一歩踏み込んで訪問できるのが保健師さんですし、保健師さんの良心だったといえます。今は、そのお母さんは何回も家庭訪問してくれた保健師さんにとても感謝しているそうです。

発達に心配がある子どもだからこそ、子どもひとりに寄り添った専門性があるていねいなかかわりと手厚い保護者支援が必要です。このことが行政の責任でおこなわれていることがすばらしいことだと思います。システムとその仕組みによって親子の幸せにつながるのだということを実感したのが、このさっぽ・こども広場です。この広場をつくったのは、昔から北海道の療育や札幌市の療育をつくりあげてきた、主に児童相談所で仕事をなさっていた辰田さんという方でした。やはりそういう思いのある方によってシステムがつくられるのだと思います。

こども家庭庁は、児童発達支援において診断ベースの支援ではなく、子育ての困り感・子どもの困り感の気づきの段階からニーズに寄り添った支援をという考え方で、システムとその仕組みを推進しています。そのおかげで、さっぽ・こども広場のような子育て支援センターが全国各地でできてきているのはうれしいことです。

二　むぎのこの発達支援

●プレむぎのこ――相談の入り口

むぎのこの発達支援は、プレむぎのこからはじまります。プレむぎのこは、毎年十月ころから週一回親子で通園します。子どもは、さっぽ・こども広場から、保健センターから、クリニックから、児童相談所からといろいろなところから紹介されて来ますが、相談を受けても、むぎのこがいっぱいで入れないこともあります。でも子どもには支援が必要ですので、待たせないように週一回の親子通園をおこなっています。むぎのこにお兄ちゃんやお姉ちゃんが通園していて、きょうだいの子どもたちができるだけ早くから発達支援を受けたいと希望する場合もあります。

プレむぎのこは、それまでにほとんど集団に入っていない子ども、支援を受けていない子どもが対象です。ですから最初は集団の輪のなかに入れない子どもがほとんどです。

プレむぎのこのテーマは、「子どもも親もそのままでいいんだよ。その子にあった参加のしかたで楽しんでいきましょう」です。一組の親子に職員が一対一で個別対応します。またフリーでお母さん担当の先生が二、三人います。

手遊びや絵本に参加がむずかしい子どもには、離れたところで職員がそばについて参加します。集団に参加できない子どものお母さんは、手遊びなどをおこなっている輪の席に座ってもらいます。また別室で一対一対応する場合もあります。

最近は、場所見知りなどでお母さんのそばを離れず、じっとおとなしくしている子どもが増えてきています。この子たちには、「そのままでいいんだよ」と言って毛布ブランコなどをそばでやってみせたり、時にはお母さんと一緒なら遊んでみたいという子どももいるので、一緒に毛布に（引っ張るのは大変ですが）乗って遊んだり、少しずつ少しずつのスモールステップでかかわります。

走り回る子どもには職員が少し抱いてみて、抱っこのむずかしい子どもは、その子のそばにいて寄り添います。

揺らし遊びは感覚遊びなので楽しめる子どもが多いのですが、終わったあとは、その子の表情や波長に合わせた声でやさしくほめます。

感覚遊びも怖がる子どもがいますので、ゆっくりとおこないます。

子どもの前でわらべ歌を歌ってみせるだけの場合もあります。

次は「おじいさんおばあさん」と抱っこしたりおんぶしてのゆっくりとしたわらべ歌です。お母さんが抱っこできないときは、職員が代わります。お母さんには、「そのままで参加してね」と、そのままグループに残って参加してもらいます。

次も「うめとさくら」という少しスピード感がある、くすぐり遊びを加えた、これもおんぶに抱っこのわらべ歌です。

くすぐりをとても喜ぶ子もいれば、さわられると嫌がる子もいるので、その子に合わせたタッチでかかわります。

とにかく子どもに合わせて、子どもが楽しいと感じられ心が良い方向に動くように、プレむぎのこのかかわりは、すべてがスモールステップでのかかわりです。

終わったら、お母さんと簡単な話し合いのグループの時間をもちます。

お母さんには、「子どもが走り回っていても、今子どもにとって必要でこうしているから、このままでいいんだよ」、「お母さんもそのままでいいんだよ」、「お母さんがむずかしいと思ったら無理しなくていいですよ。そのために職員がいますからね」、「ひとりで抱えなくていいですよ」と伝えます。

この短い時間の話し合いでも、お母さんからは、家での子育ての困り感が話されることが多くあります。

「家で怒ってしまうことが多くて」と言うお母さんには、「そうだよね」、「怒りたくなるね」とベテランの職員や当事者の先輩ママが共感します。

そして、「ここでは子どもが参加していなくても怒らなくていいですよ。職員がやりますからね」と言うと、お母さんからは、「プレむぎのこに来てから少し余裕ができて怒らなくなったせいか、私の目を見て、『抱っこ』と甘えるようになりました」と言ってくれるようになります。

回数を重ねるうちに子どももお母さんも安定してきて、お母さんに抱っこされたり、集団参加ができるようになる子どもたちが多くなります。

早期に毎日の療育が必要な子どもの場合は、むぎのこでの毎日の療育に親子でプレむぎのこに参加してもらいます。

この時期の子どもは、歩くのも、お母さんが抱っこするのもむずかしい場合もありますので、送迎もしています。一時間と少しの療育時間ですが、子どもたちには、プレむぎのこでの遊びが楽しいことだと体でわかってもらえるように、子どもたち一人ひとりにいろいろなかかわりの工夫がされています。

子どもの発達にあった遊びを取り入れていくことはもちろんですが、この時間が子どもたちにとって楽しい場になるようにと、保育士たちはとても一生懸命です。

具体的には、絵本はリーダーになる読み手だけで読むのではなく、たとえば『たまごのあかちゃん』という絵本を読むとき、たまごからあかちゃんが出てくる場面で、「こんにちは」とみんなで呼びかけ反応をします。こんなふうにクラス職員みんなで力を合わせてやりとりしながら、楽しい絵本の場を療育のプロとしてつくるのです。

その集団の場の楽しみを感じ取り、いつの間にか子どもも、「こんにちは」とお母さんや職員と一緒に頭を下げたりして、子どもからの反応も自然に出てくるようになるのです。

たとえ集団の輪に入っていない子どもでも、その場で絵本の世界の楽しみを感じ取り、子どもが心動かされるように職員みんなが工夫や配慮をしています。絵本の世界や大人とするわらべ歌が楽しいと感じられると、少しずつ集団の輪に近づき、最初は抱っこで座る、それからひとりで座るというプロセスをたどります

このような子どもをまんなかに置いた、目と目で、心と心で、笑顔と笑顔の職員のチームワークは、むぎのこの誇れる保育士・職員集団です。職員のなかには、むぎのこで自分の子どもを育ててきたお母さんもいます。

若いお母さんたちの気持ちを言葉には出さなくても深いところで感じ取り、子どものこれからの良い意味での変化を知っているお母さん職員がいるというのも強みになっていると思います。

プレむぎのこを通して、これからの子育てに少しでも希望をもってほしい、そんな気持ちで支援をおこなっています。プレむぎのこは、手厚い子育て支援のはじまりです。

三　発達支援は手厚いこども・子育て支援――治すよりも育てる

●むぎのこの療育の基本的な考え方と子ども観

むぎのこの発達支援の基本としてもっとも大切にしていることは、前々書でも紹介したサンフランシスコで出会ったソーシャルワーカーで脳性まひの障害のあるベスさんに教えていただいた、「自分は障害があってダメな存在だから療育が必要だと、専門家やまわりの大人からのメッセージを受け取って、自己肯定感が下がった」ということを戒めにしていることです。つまり、歯を食いしばって頑張って（頑張らせて）障害を補っていくような支援ではなく、子どもたちの発達に合った遊びを通して、自分の今本当にやりたいことや楽しいと思えることに多くエネルギーを注いでいけるように工夫することが重要です。

二〇二二年四月二八日、こども家庭庁設置法を審議可決した国会で参考人として招致された土肥潤也氏（ＮＰＯ法人わかもののまち事務局長、一般社団法人トリナス代表理事、一般社団法人Next Commons Lab理事）は、「子供は長い間未熟な存在であり、教育あるいは保護しなければいけない対象であるという認識が一般的でした。（こども政策の新たな推進体制に関する基本方針の）基本理念では子供自身を自立した個人として自己を確立していく主体と捉えています。未来や次世代を担う子供ではなく、今の社会を主体的に参画する子供へと変わりつつあると考えています」（衆議院、二〇二二）という発言をされていました。

この発言に私は、本当にそうだとうなずきました。どの子どもにも当てはまることですが、特に障害のある子どもは、今これができないと将来が心配だからという考えをもとに発達支援が進められることが、まだ多くあります。しかし、この子どもは未熟な存在であり保護しなければならないということはありますが、子ども自身が自己を確立した主体であり、未来のために存在するのではなく、今の社会に主体的に参画する存在なのです。ですから、療育が未来のために努力を強いることではなく、日々子どもたちが自己肯定感・自己有用感、そして楽しさを感じていくことが本当に大切なことです。

もちろん大人は、科学的に子どもの発達、育ちにおいて大切なこと、ライフステージの課題、逆境体験の心理的な影響など、さまざまな大切なことを知り押さえておかなければなりません。しかしその上に立って、「（高校生が）自分たちでも社会は変えられるんだ、（自分たちの）意見は貴重なんだと感じてもらえるような社会や町への参画体験というのは、自身の自分の人生の主体としての意識を育む効果の体感、つまり自分で町を変えられるという体験が、自分自身の人生も自分自身で変えることができるんだという体験になり、自己肯定感や自己有用感につながっていくというふうに感じます」（衆議院、二〇二二）という趣旨のことを前述の国会で土肥さんも言っています。

子どもたちの育ちの基礎は、どんな重い障害のある子どもであっても、自分の存在が自分の人生を前向きに変えることができるという自分に対する肯定感、有用感を毎日の生活で子ども自身が感じられることにあります。それを育むのが発達支援だと思います。

佐賀女子高等学校の吉木知也校長先生（当時）は、世の中、嫌な事件も多いけれど人間ってすばらしい生き物であり、生きることは実に楽しいことを感じさせるために、こんな子育てをしてほしいと里親さんの勉強会で教えてくれました。そして夢をもち、夢を追い続ける子どもが「〇〇になりたい」、「〇〇のような大人になりたい」、そんな子どもの夢を大切に、大人は子どもの夢をつぶさないでほしいと語りかけます。

さらに、「人間は基本、努力や我慢することはむずかしいけれど、自分自身でもった夢に向かってなら努力できる」と教育者である吉木先生は、子どもが夢を描けるような子育てと、先に努力があるのでなく、努力はあとからついてくることを教えてくれました。

四　手厚いこども・子育て支援とは？

むぎのこに来る子どもたちは、それぞれに違った多様性のある子どもたちです。子ども一人ひとりの発達段階とニーズに合わせたかかわりが必要です。前述したプレむぎのこでの発達支援でかなり安定して集団に参加し学習の基盤ができる子どももいますが、やはり毎日その子どもに合った保育・支援環境が必要です。

●チームでおこなうアセスメントとチームでの語り合い

子どもがどんな育ちの段階なのか、喜んで取り組めることは何か、どんなことで困り感をもっているのか、医学的診断、特性の理解、家族関係など、もちろん発達検査などでアセスメントをおこないその結果を参考にしますが、フォーマルな発達検査だけでは子どもを理解できません。日常の保育のなかで子どもとのかかわり、子どもに聞いたり、気持ちを教えてもらったり、やりとりを通して子どもへの理解が深められていきます。また保育士同士やスタッフ同士が、今日あった子どものエピソードを語り合うことも、とても大切です。語り合うなかで大人が、心が動いたときの子どもの姿をチームで理解しようとし、意味を深めることや言語化し、概念化することです。むぎのこの場合、クリニックの医師や、時には言語聴覚士（ＳＴ）、作業療法士（ＯＴ）などがチームでおこなうこともあります。概念化することはむずかしいですが、チームで子どもを理解することでカバーできます。

またお母さんなど主たる養育者との語り合いが、子どもを理解するうえで非常に大切です。家族も困り感を抱えていることが多いため、お母さんたちの日常の子育てをできるだけていねいに教えてもらいます。むぎのこの場合、現場の担任の職員は、担任として面談のほかに日常的に電話などで保護者とやりとりをしています。

そのほかに、心理相談課がおこなっているグループカウンセリングや個別カウンセリングでのお母さんたちの語りから、子育ての喜び、困り感を同意を得て共有する場合もあり、チームやむぎのこコミュニティ全体で子どもと家族を支えます。

話を聞いているうちにトラウマがあると気づく場合もありますので、その場合の対応も必要になります。それについては、家族支援のところで詳しくお伝えします。

チームで理解し、読み取った子どもの置かれている状況、育ち、子どもの心情を、発達支援の視点に落とし込みます。

もちろん、実践していくうちに視点が違っていることもあったり、子ども自身が成長することもありますので、保育士集団が心を合わせ子どもの理解を深め、かかわりを常に新しくしていくという流れです。

でも「子どもの理解」のためには、「子どもを語り合う文化・良いコミュニケーション」にかかわるみんなが、チームで関係性を支えていかなければなりません。この良い関係性が、「発達支援の視点・工夫」「チーム力」「家庭との関係」「子どもの参加」などを前向きにとらえる源です。

この職員同士の語り合いやすい良い雰囲気のクラスが子どもを生かすのに必要な支援の工

夫・アイデアを生みだし、子どもの成長につながり安心・安全をもたらすのです。困り感の高い子どもを育てているアメリカの児童福祉施設ボーイズタウンでも専門性の位置づけに、「気さくさ」が入っているのはこのようなことからなのだと思います（前々書、前書参照）。

二〇二三年度は、子どもの様子と自分のかかわり、意味づけを考えながら、みんなで共有し、ひとりの子どもの理解をむぎのこの子どもとして、全体で支えていくようにしています。また職員が読んで他部署のみんなと共有したい本があったら、自主的にリモートで専門書の読書会などがおこなわれています。

●環境設定

環境設定も大切です。子どもは、どこで何をするかがわかりやすい空間、心地よい環境があって安定します。ヨーロッパの保育園では、独立したランチルームがあり、またお昼寝のベッドが壁に組み込まれていたりしていて保育環境の設備もうらやましいかぎりです。北欧フィンランドでは、真冬も毎日二回外遊びをします。時にはつなぎジャンパーが泥だらけになります。そのためつなぎジャンパーの洗い場があります。そして午後またそのジャンパーを着ますから、一時間ほどで乾く大きな性能のいい乾燥室が保育園の入り口にあるのには驚きました。子どもの育ちのための環境整備がしっかりとなされています。

先日、福島県の認定こども園まゆみを見学してきました。子どもが遊ぶ空間の取り方、プレイパークのような園庭、隣には散策できる山、乳幼児の安全が守られる見通しのいい広い空間と、古渡一秀理事長の福島の子どもを守りたいという保育哲学のなかで、すばらしい環境、そして居心地のよい園でした。日本でもこのように子どもにとってとてもりっぱなすばらしい環境の保育園、幼稚園ができてきました。でも、まだまだ保育園や児童発達支援センターでは、保育室がミーティングルームに、プレイルームに、ランチルームに、お昼寝の部屋にと、運動以外はみんな同じ部屋でおこなうという省エネ型のような環境のところが多いのではないかと思います。児童発達支援事業は、設備には基準がほとんどありません。もう少し子どもの環境のためにお金をかけて良い環境で育てたいものです。

このような状況で子どもにわかりやすい空間をつくるのは、それぞれにとても工夫していると思います。わかりやすくして場を分けるけど、かといって、壁で仕切るのも逆に空間の見通しがもてなくて息が詰まります。以前に研修で札幌市発達障害者センターの前所長西尾さん（現厚生労働省障害福祉課発達障害対策専門官）に見せてもらったノースカロライナの幼稚園のスライドでは、わかりやすい空間の設定として、アメリカらしいすてきな装飾品で飾りつつコーナー保育のようにして空間を分けていました。

神奈川県の弘済学園の障害児入所施設ではベンチを上手に使っていました。このようにそれぞれの事業所で、歴史・文化・財政的なものを兼ね合わせて工夫しているのだと思います。北欧では家具量販店イケア（ＩＫＥＡ）の家具を使っているところも多かったですが、子どもに合った机やイスもたくさん使っていました。

子どもの心情に合わせたかかわり、子どもが、自らが暮らしの主人公として主体的になれるよう発達に合わせた遊びや生活をデザインしてつくっていくのが環境整備です（日頃のお掃除も子どもの安全を守るために大切です）。

西尾さんに見せていただいたスライド写真のノースカロライナの幼稚園には、仕切りなどはほとんどなく、コーナーで活動の場所を決めているという、ごくシンプルな場で支援をしているということでした。むぎのこも開園当初から発達障害の子どもが多かったので、刺激を与えないように多くの物やおもちゃなども保育室の目に見えるところに置かないなど、自然なかたちでとてもわかりやすくなっています。たくさんの刺激がない安心な場の設定はとても大切です。

一方で以前モンテッソーリの療育機関を見学したとき、たくさんのおもちゃや教具のあるクラスで子どもが活動しているのを見て、これはこれで子どもが適応していくのだなと実感したこともあります。

むぎのこは、ベランダの外の園庭の木を見て癒されたり、風を感じたりできるように、いろいろな過敏性のある子どもであっても窓の外が見える設計にしています（のちに卒園児から、「ベランダの外の木に癒されました」との感想がありました）。

このように過敏な子どもたちは、刺激の少ないほうが学習しやすいということはあると思いますが、学習の場面だけで子どもが成長するわけではないので、緑が見える気持ちの良さも大切にしています。

五　みんな違っていい

むぎのこでアセスメントはチームでおこなわれますが、基本になる集団は年齢や発達や特性が近い子どもでつくります。ですので見学の方には集団対応に見えるかもしれませんが、見る人が見れば個別対応していることがわかると思います。

集団に子どもを合わるという対応ではなく、個別のニーズに合わせるという個別対応がむぎのこでは基本です。ですから参加のしかたが子ども一人ひとり違ってきます。

矛盾するようですが、集団も大切です。やはり個別だけでなく集団のなかで、子どもはまわりを見て学習します。ただ学習するだけでなく、少しずつその子なりの人間関係もできてきて一見集団にかかわっていないように見えても、意識したり安心したりする関係ができることが多いのです。この子のそばに行きたい、あの子と手をつなぎたい、隣に座りたいなど人間関係の芽生えです。安心した集団では、自閉症の子どもたちも、先生など大人との関係を通してクラスの子どもと意識してかかわったり、時にはちょっかいを出したり、マイペースなので最初の段階では、うまくいかないときは叩いたり噛みついたりすることもありますが、そこから面白いつながりに発展することもしばしばです。ただ他害が多くなる時期には、職員の責務として、なるべく叩かないようにやさしく止めるスキルも必要になってきます。

クラスのお母さんたちは、急にわが子が叩かれてびっくりしたり、怒りの感情が湧いてくるのも当たり前です。そのためお母さんたちに対しては、発達への理解、いろんな子どもがいること、子どもも仲間になっていくけれど、お母さんやお父さんも子育ての仲間であることなど、孤立しないでみんなで子どもを育てることなどを、時間をかけて先生たちから伝えていきます。

また、親子発達支援やグループカウンセリングなどで、お互いを理解し合う人間関係も発達支援の基盤には必要だと思います。

あるとき、保育園ではとてもおとなしくて適応的でしたが、むぎのこに来ると他害やけんかが激しい男の子がいました。ふつうは反対のパターンが多いのにどうしてなのか、みんなで考えました。

保育園の先生も見にきて、むぎのこでの様子に驚いていました。さっそく児童精神科の先生に入ってもらい、これはなぜ起きていることなのかをオープンダイアローグのように、お母さんと児童発達支援の先生も含めてみんなで話し合いをしました。

お母さんは、保育園で過剰適応して自分を出せていないのではないかと心配していましたが、いろいろ細かく聞いて分析していくと、保育園の集団は女の子が多く、この子にとても世話を焼いてくれているそうです。この子にとって保育園は、穏やかでいろいろと女の子たちが世話を焼いてくれるのでストレスがあまりない状態だそうです。それに比べてむぎのこの集団は、ほとんど男の子ばかりで、衝動性が強い子どももいたり、集団に入らないで走り回っている子どもがいたり、この子にとってはやんちゃな男の子集団で、一緒に集団からはみ出すことが多くなったわけです。

児童精神科の先生によると、「どっちもこの子には必要ですね。男の子は、本来女の子に比べるとやんちゃでエネルギッシュだし、でも保育園では女の子に世話されて安心できて落ち着く場である」との新たな見解で、お母さんもすっきりしたとのことでした。

ほとんどの子どもは反対で、こちらの小集団では落ち着いてきますが、こういうこともあるのです。子ども一人ひとりていねいに分析しないとわからないことですが、集団が子どもにいろいろな意味で影響をもたらすということです。

それにしても、むぎのこではやんちゃな子どもが多いですから、子どもらしい、その子らしい輝いたまなざしが何より大事かもしれません。

実際の支援はとてもシンプルです。大体の一日の流れ（スケジュール）は、朝の会、身体を動かすリズム遊び、設定保育（集団・個別支援）、外遊び（園庭、散歩、公園など）、給食、お昼寝と大枠で決まっていますし、次に何をするか動線や手順も決まっていますので、入園したての子ども以外は、次の見通しがもてなくて混乱するということは、ほとんどありません。活動の場の仕切りは最低限ありますが、先生たちが工夫しながら活動の場所は大枠で決まっています。

●給食を通して子どもを支える――食べる楽しみ

同じ部屋で給食も食べるので、外活動から帰ってきたら、子どもたちが次は給食であることが見てわかるようにランチルームに変化させておかなければなりません。ここはパートさんたちがとても努力して給食の設定を毎日してくれています。発達に合わせて当番制で、自分で配膳をする子どものこと、ごちそうさまのあとの子どもの片付けの場所なども配慮してセッティングしてくれています。

先生たちは一対一の食事指導の時間です。基本的生活習慣のためには欠かせない活動です。手づかみからスプーンを持てるように、そして箸への移行など、本当に子ども一人ひとりに違った支援が必要な場面です。それに加えて熱いものでなければ食べない子ども、偏食の子ども、ほとんどの食べ物を拒否してしまう子ども、自分で口に入れすぎて窒息の危険のある子どもへの対応やアレルギー対応など、給食時間は楽しい時間でもありますが、子どもの命にかかわる気を抜けない時間です。給食室の職員たちも含めて一人ひとりの見立て、そして手立てをもって対応する真剣勝負の対応時間といってもいいでしょう。

過敏な子どもには個別に刺激の少ない場所で給食を食べる手立ても考えます。昔の話ですが、成人になってから通所された方が、小中学校の給食で無理やり完食させられて、偏食がなくなったのはいいのですが、卒業後そのトラウマからか食事を拒否するようになり、食べられるものは五品くらいになってしまいました。障害のある方にとって食事の支援は簡単ではないのです。給食はその後の人生や命にもかかわる大切な時間なのです。

幼児期の支援で、個別課題をおこなうなどの事業所が多くなり、最近ではあまりＡＤＬ（日常生活動作）など生活のための支援を重要視する事業所が少なくなりました。生活や暮らしやすさのために手厚いこども・子育て支援が必要です。保育園などもそうだと思いますが、特に障害のある子が通園する児童発達支援センターなどでの給食は、生活の要素が入った生涯にわたって関係する大切な発達支援の時間です。食に関する知識だけではなく、スキルも持ち合わせていかなければなりません。そして何より、生きるうえで楽しい肯定的な時間になることが一番大事です。

そのためむぎのこでは、児童発達支援事業でも給食を大切にしています。また給食後部屋をクラスルームに戻さなければいけませんので、後片付けも本当に大変なのです。その大変なことを担ってくれている職員のみなさんにはとても感謝です。いつも笑顔で対応してくれているのには、本当に頭が下がります。

ちなみに、むぎのこの給食は大変おいしく、私が出張に行って残念なことのひとつが、その日はむぎのこの給食を食べられないことです。どんなにおいしいレストランでランチをしていても、「むぎのこの今日の給食は何かな」と子どもたちの食べている顔を思い浮かべてしまいます。

お母さんたちや先生たちから、「今日の給食なあに？」と聞く子どもが多いことを教えてもらいました。子どもたちだけでなく職員も朝今日の献立を確認してから出勤する職員がいるとのことです。給食室のみなさんは、子どもや利用者さんのことを考えて一生懸命たくさんの食数の給食をつくってくれています。

みんなに人気のむぎのこの給食です。

●人の刺激に敏感な子ども

むぎのこにも人の刺激に敏感で、人がそばを行き来するだけで、自分でも止めることができず衝動的にテーブルの上の食事の入った食器を投げてしまうＡくんがいます。Ａくんは事情があって小学一年生からむぎのこに来ました。乳児期は乳児院で大人と一対一ではなく、たくさんの子どものなかで育つという経験をした子どもでした。そのため学校の給食をみんなと一緒に食べられないので、お昼にはむぎのこに帰って来ています。

乳児院の先生も一生懸命かかわり、アタッチメントを大切にした取り組みをされていますが、七、八年くらい前ですと、まだ体制も今ほどできていなかったのだと思います。その後Ａくんは児童養護施設で育ちました。養護施設の先生によると、「食器を投げることで職員がすぐ来て片付けてくれるので、かまってほしくてやったことを誤学習として身につけたのではないか」ということでした。Ａくんには、今でも活動や給食のとき、人や場の設定も刺激の少ない環境を整えていく必要があります。Ａくんの今の里親さんの努力もあり、少しずつ人を受け入れていく広がりをみせてくれています。さらにＡくんは夕方、放課後等デイサービスの先生と三十分以上遊びながらゆったりとした時間を過ごしています。おかげで今では人なつっこくなり、笑顔も増え食器を投げることもなくなりました。

やはり乳幼児期は、障害があっても人とのかかわりの心地よさを感じ気持ちが通じ合える良い関係性をつくることが大事です。ですから発達支援は大人との二人三脚の歩みです。日常生活の自立においても、不快な感情や衝動をひとりで抱えることができないで爆発させてしまう子どもに対して、大人は気持ちをなだめ解決する方法を考え実行します。子どもは丸ごと抱えてもらい感情の爆発で傷つくことを防いでもらうことで良い解決方法を学習します。そうしているうちに子どもは、自分のなかに不快な感情を少しずつコントロールする力をつけていきます。

日常生活も感情の制御も大人と二人三脚でおこなって、子どもは少しずつできていくようになるものです。ですから子育てには大人のかかわりが欠かせません。子どもに我慢させるのではなく、子どもと気持ちを共有する体験が大事です。もちろん、前述したアセスメントやポジティブなかかわり・安心感がベースにあります。そして、まわりの理解、環境の理解などの情報処理は、共同注意にみられるように大人に支えられて発達していくのです。

子どもとのポジティブなかかわりのためにペアレントトレーニングも学びますが、それだけではお母さんたちやお父さんたちも簡単にはいきません。ここではやはり養育への支援が大切になってきます。お母さん自身の育ちや悩みも子育てには関係しますからていねいに聞き取ったりしますが、同じような悩みを抱える保護者同士の出会いも大切です。

子どもも大人も安心感のある人間関係のなかで育つのです。特に乳幼児期は人に対しても安心感がもてる支援は、子どもにも育てる側にも必要な支援だと思います。

【文献】

衆議院（二〇二二）第二〇八回国会内閣委員会第二三号（令和四年四月二八日）会議録　https://www.shugiin.go.jp/internet/itdb_kaigiroku.nsf/html/kaigiroku/000220820220428023.htm

第三章　子育てとしての発達支援

一　旅立ちの日に

里子のアオイは、無事大学を卒業し就職も決まり、二部屋ある自分のマンションを借りました。

四月二日。その日は引越しでした。小さなころからむぎのこで一緒だった友だちが、車を出してくれたり、朝からそして夕方からと手伝いに来てくれました。夜、みんなで引越しそばを食べに行き、その後わが家に戻り、最後の荷物をリュックに詰め自分のマンションに戻るときでした。

わが家では、里子たちとハグできなくなった小学校高学年のころからずっと、学校に行くとき、おやすみなさいと自分の部屋に行くときなど握手をしていました。

小さなときは抱っこしたりスキンシップをしたりで容易にできるかわいがる関係も、思春期に入るとなかなかむずかしくなります。本当の親子ではないからこそ、思春期に入る子どもたちにうるさがられても「愛しているよ。大事な子だよ」という私からのおせっかいなメッセージでした。

その日も私は、いつものように友だちの家に行ったり、旅行に行ったりする気持ちでアオイとお別れの握手をしました。するとアオイから「お世話になりました」と突然言われたのです。予想していなかった言葉でした。まるでお嫁に行く娘が実家を離れるときのような心がこもった言葉と態度でした。

私は突然の出来事に戸惑い涙が出そうになりましたが、必死にこらえて笑顔で「帰り自転車だから気をつけてね」と言ってお別れしました。

ドアを閉めたとたん二十年余りの月日が走馬灯のようによみがえり、「お世話になりました」の言葉に涙が止まりませんでした――こちらこそお世話になりました。

アオイのおかげでいろいろなことを教えてもらいました。

自分のプライドから弱音を吐けないで、どこか虚勢を張って生きていた私が、困ったときは助けを求めていいこと、ひとりでは子どもを育てられないこと、いろいろな人の手を借りて育てるときに、考えなんか違ってもいい、その人と仲良く手をつながないでいかないと困るのは子どもであること。

おかげで、児童精神科の先生、小・中・高・大学の先生、児童相談所のケースワーカー、心理士の先生、むぎのこの担任の先生など、本当に多くの人にお世話になることができました。

そんなふうに私が人生に困ったとき白旗をあげさせてくれたのは、アオイでした。白旗をあげさせてくれたおかげで人生が楽になり、たくさんの応援してくれる人とつながることができました。わがままだった私をアオイが大人にしてくれたのです。

「アオイ、こちらこそ里子としてわが家に来てくれてありがとう。」

二　アオイが来た

それはアオイの三歳の誕生日を過ぎたばかりのときでした。アオイのお父さんからメールがきて「むぎのこに入園をお願いします」という内容でした。アオイのお父さんは東京で単身赴任で働いていて、札幌に住んでいるお母さんの子育てを心配してのメールでした。

すぐにお母さんに会ってみると、とてもきちんとした方で、アオイはすでに児童相談所（以下、児相）で「自閉症」と医学的診断を受けていて療育手帳ももらっていました。

機関車トーマスの絵やおもちゃにこだわりが強く、トーマスのグッズをいつも手に握って離しませんでした。トーマスのキャラクターのついたものを下着から靴下、服と全身にまとっていました。トーマスの模様のついた靴下を脱がすものなら大パニックになっていました。

アオイもこの世は不安で身の置きどころがないと不安の強そうな目をした表情でした。パニックが多く、お母さんの子育ては本当に大変で心身ともに疲れている様子でした。

そして入園してすぐ、まだ母子通園もはじまらないうちに、お母さんが薬のアレルギーが重篤化して緊急入院となってしまいました。お父さんは東京で働いていてお休みはたくさん取れないため、児相に相談に行って、「むずかしい子なので、誰でもみられるわけではないから、妻の入院中むぎのこの先生の里子にしてください」とお願いに行ったということでした。

すぐに児相のケースワーカーBさんがむぎのこに来て、古家先生の里子になることになりました。古家先生も若かったし、「お母さんの入院の期間だけだからいいです」ということで、すぐに決まりました。

しかし、アオイが事務所で私から離れなかったのです。古家先生やほかの先生が抱っこしようとすると大パニックになってしまい、困り果てた古家先生は、「いつもこんなパニックなら、私も心臓が悪いから、私の家でみるのはむずかしい」となってしまいました。

私も、半月前にCちゃんが里子に来たばかりだし、どうしようと思ったのですが、「双子のように育てるしかないか」と思い、家族に伝え、児相に電話して措置変更をしてもらい誕生日のほとんど違わないCちゃんとアオイを一緒に育てる日々がはじまりました。その後お母さんの体調がいいときは、時どき家に帰ったりしながら私の家での子育てとなりました。

●アオイの偏食

むぎのこに来たとき、アオイはパニックも多く給食は食べられませんでした。お母さんに食べられるものを聞くと、「確実に食べられるのは、三越のジョアンのパンとマックのポテトです」とのこと。

三越はすぐには行けなかったので、近くにあるマクドナルドからポテトを職員が買って来てくれて、抱っこされてやっと給食の席につき食事をとることができました。一週間くらいでしょうか、ジョアンのパンとオーブンで温めなおしたマックのポテトの給食が続いたのは。

アオイは、この時間はここで座って食べても安全なところだと理解してくれたのか、給食のテーブルのある場所に自分で座り、手づかみでしたが、ポテトを中心に食べるという、むぎのこでの給食スタイルがはじまりました。少しずつですが、ジョアン以外のパンも食べたり、焼きそばなど食べられるものは多くなっていきました。無理に食べさせたことはありません。気持ちが安定するにつれて大人の誘いを受け入れていってくれたといった感じです。

それでも、年長さんまで野菜は苦手でしたが、それ以外のものは少しずつ食べられるようになっていきました。

小学校に入学後は、担任の先生が「全部食べようね。でも苦手なものは、ほんの少しでいいよ」と言ってくれる先生でした。そのため給食を必ず全部盛りつけ、苦手な野菜はほんの少しだけお皿に載せてくれたそうです。

アオイに聞くと、「嫌だったけど給食とはこのように食べるものなのだと、頭で考え自分に言い聞かせて、最初は無理に口に入れるうちに食べられるようになって嫌ではなくなった」とのちに語っています。

味覚に対する過敏さは今でもあると思いますが、最初は嫌だったけど考えて少しずつトライしてみるとそうでもないという経験から、食事はどこに行ってもほとんど食べられるようになり自由になったと思います。

幼児期にハワイに旅行したとき、その道中もいろいろありましたが、現地での食事が心配で食べられなくなったらせっかくの旅行も楽しくなくなるので、いざというときのためにハワイの滞在をマクドナルドが近くにあるホテルにしたこともあります。もっともハワイのコンビニに納豆巻きなども売っていてなんとかクリアできましたが。

またシカゴにセラピーを受けに行ったときは、シカゴ郊外のホテルでしたからマクドナルドは近くになく、このときはハワイ以上に心配しての出発でした。

ところが行ってみると、アメリカのホテルの朝食はドーナッツやワッフルにクリームと、お菓子のようなものがビュッフェにたくさんあって、アオイが食べられるものばかりで、まったく困りませんでした。アメリカの食生活ならアオイはやっていけるかなと思った楽しい出来事でした。

●パニック

アオイが初めてむぎのこに来たころ、そしてわが家に来たときもパニックは本当に大変でした。

障害特性によって困り感は違ってきますが、自閉症の子ども自身も、育てる側の子育ての困り感の大きなひとつに、このパニックがあるのではないでしょうか。

トーマスの靴下を脱がそうとするとパニック、何か活動をさせようと抱っこして誘っても嫌がってパニック。

本当に不安そうでつらい気持ちが伝わるパニックでした。ですからアオイの場合は、無理に何かさせるということはほとんどしませんでした。それでもパニックになったときは、まずは気持ちを受け止めて、抱っこして「嫌だったね」とネガティブな気持ちも吸い取るようなかかわりでした。時間はかかりましたが、安心すると半歩踏み出せるタイプの子どもでした。

新しいことは何をするのでもまず嫌がる子でした。感覚過敏で十センチくらいの水が入ったプールに足をつけるのも嫌でした。半月くらいは、児童指導員の鈴木先生が抱っこしてプールのそばにいるときに少し水がかかっただけでも泣き叫ぶくらいでした。無理をしてもしかたないというのはわかっていましたが、それでも鈴木先生は粘り強くプールのそばでイスに座っている日々が続きました。

あるとき、子どもが少ないときだったと思います。すーっと自分から先生の膝をおりて、水に入りました。その後はプールの水を感じて楽しそうに走り回ったのです。その姿にびっくりしたとともに感動しました。

アオイは、こんなふうに一つひとつ新しい出来事には不安で、必ずといっていいほど嫌がってから、少しずつまわりで起こっていることを見て学習して、理解し安心してから、自分の世界を広げ楽しみを大人と共有するタイプの子どもでした。

もうひとつ大切なことは、嫌がって不安なとき受け止めてくれる大人の存在でした。その大人を支えに、新しいことに安心を感じ目の前の出来事を理解しようとし、トライできていったともいえます。

やはり導いてくれる大人がいなければ子どもは育ちません。

児童指導員の鈴木先生もだんだんアオイのことを理解してくれて、アオイの気持ちを大事に受け止めてから、少しずつ新しいことに取り組むというスタイルでかかわってくれました。

パニックもまだ多く、受け止めることが大変なときもたくさんあったと思います。でも、その先にある子どもの可能性を信頼して、安心感をもつことと新しいことでも大丈夫で楽しいことであるということをていねいに伝えながら鈴木先生はかかわってくれました。

●パニックの意味

そのころ古家先生はパニックのことを、「不安の強い子どもにとってパニックは生きるエネルギーの現れだ。この時期大人の言いなりになる子どものほうが心配です。障害のある子どもを小さなころから型にはめて、すぐに問題行動だから適応的行動を教えるノウハウではなく、その子らしさやエネルギー、その子の思いを理解して肯定的に受け止めていく力を支援する側はもたないといけない」と若い先生に言っていました。

アオイのパニックを肯定的にとらえてくれ、「アオちゃん、あなたはエネルギーのあるすばらしい子どもだよ」と古家先生はよく励ましてくれました。アオイは、不思議そうにキョトンとして聞いていました。

私もその言葉に励まされてアオイを抱っこした日々でした。

たしかに生きるためにはエネルギーが必要です。子どものころ自分の感情の表出を受け止められないと、大人になって生きる元気がなくなったりする場合もあります。それは障害のあるなしにかかわらず大切なことだと思います。

先日、アメリカから来てくれた助産師さんが、「アメリカでは二歳児のイヤイヤ期をテリブル２（Terrible 2）といって、子どもが反抗しイヤイヤをすると、『おめでとう。自立心が芽生えてきたね。順調に成長しているね』と言ってもらえる」と教えてくれました。

私はそのとき、イヤイヤ期は世界中のお母さん、お父さんが大変なときなんだと思ったのと同時に、子どものゴネを単純にわがままや困ったこととととらえないで、「自立心の芽生え」ととらえるアメリカのポジティブさに、いつもながら発想の転換と励ましをもらえたような気がしました。

同じように吉福伸逸というトランスパーソナル心理学を日本にもたらしたセラピストは、「アクティングアウトはチャンス」と言っていました。「何かが出てくるというのは、出そうとする何かがある。そのプロセスをしっかり完遂させれば、彼、彼女にとって一番良いところにおさまるのだから」、何が起きても動じず落ち着いていられるというのです。

アメリカのママたちも、テリブル2は実際大変だけど、「来た来た」という対処の構えができるそうです。また、まわりの大人たちも寛容だということです。落ち着いて対処できるから次への導きもできるのだと思います。

日本でも「問題行動は発達要求の現れ」と若いとき学んだことがあります。私も古家先生に、アオイが三歳のころ「パニックは発達のエネルギーの表出だから」と言われて、実際抱いているとアオイからそのような生きる力を感じました。言葉が出たり、二語文になったり、三語文になったりと変化するときにそのエネルギーが高まった気がします。

●パニックと助けを求めること

ただ、吉福先生のように動じないで落ち着いていられる精神状態にはなれません。

私は、アオイが家でパニックになりどうしようもなくなることがたびたびありました。実子の子育てではここまでの大変さはなかったので、この自閉タイプの子どものパニックのかなりの大変さに、お母さんたちはよく耐えていると感心しました。

また当事者になると、このパニックはどうして起こるんだろうというだけではなく、私が悪いからパニックになってしまうと思ってしまったりするのです。

いろいろな思いが錯綜するなかで、必要以上の大変さは人に頼ったほうが養育する私にも子どもにとってもいいと思いました。そのためあまり大変な日は、むぎのこの先生に電話して助けを求めました。むぎのこの緊急電話の第一号は私だったかもしれません。

アオイのパニックは多かったのでかなりの回数電話しましたが、実際家まで来てもらったのは二、三回でした。あとは電話するだけで私の気持ちが落ち着き、なぜかアオイも落ち着いてくれました。

どんな子どもであれ、ケアニーズの高いときは社会の助けが必要なことを実感しました。

●パニックのときの子どもの気持ち

パニックになって大変なのは大人もですが、一番大変なのは子どものほうです。パニックになるたびに、「アオイは悪くないよ。アオイの気持ちに気づかなかったママが悪いんだよ」と伝えました。「大丈夫だよ。アオイは悪くないよ」と何度も言いながら抱っこを繰り返しているうちに自然とクールダウンしてきたことが何度もありました。

なぜ「悪くない」と伝えないといけないと思ったのは、パニックのときになんだかアオイが「悪い行動をしてしまった」という罪悪感を感じているように思ったからです。

そのころ大学院で斎藤学先生という精神科の先生の講義で、虐待するお母さんの事例などを通して「罪悪感をもつと、人は悪くなり虐待が再現、行動化する」と何度も講義で聞きました。「虐待はけっして良くないけれど、再度繰り返さないように反省会などをしたら、自分に対する罪悪感をもってしまい行動は繰り返されてしまう」、「それより行動ではなく子どもに当たる、それにいたる本音の気持ちを共感的に聞いたほうが、虐待の行動化は減る」という罪悪感の話を思い出しました。

たしかにパニックが起きているアオイは悪くないのです。そのためパニックのときに彼が自分を責めないように細心の注意を払いました。「アオイは悪くないよ」、「アオイの気持ちをわからないママが悪いんだよ」と必ず言いました。

それでもパニックが続くアオイが四歳のとき、静療院（現札幌市子ども発達支援センター・ちくたく）の定期通院時に主治医の黒川先生に相談をしました。

「何歳くらいになったら、パニックはなくなるんでしょう。カードで見通しをもたせる工夫をしても、やはり生活していると変化もあるし。」

すると黒川先生は、「そうですね。アオイくんのパニックは小学校に行くくらいになったらなくなりますよ」とやさしく微笑んで言うのです。

「えっ、パニックが小学校に行くくらいでなくなる？」

心のなかでは「この激しいパニックが、六歳でなくなるわけがない」、これまで子どもから大人まで、多くの自閉症の子どもを見ている児童精神科の大ベテランの先生を前に、そう思ってしまいました。

ですから、そのときの黒川先生の言葉は頭には入りましたが、「そうなんだ。先生の言葉を信じてやっていこう」というこれからの希望にはまったくつながりませんでした。むしろパニックが一生続くような気持ちでした。それくらい大変だったともいえます。

アオイは自閉症と診断されていましたが、まわりにもたくさん同じ診断をされている子どもがいて、お母さんたちとも「大変だよね！」と言い合いながら子育てをしてきました。

アオイのひとつ年上にカンタくんがいました。自閉症といってもお話はするし、パニックや多動もありＡＤＨＤみたいな感じでしたが、人とのやりとりが良かったのです。

「カンタは、まわりとコミュニケーションがとれていていいな」なんて思ったものです。アオイやCちゃんの子育てでは、専門家はやめてお母さんとしてそばにいようと思ったので、こんな自閉症児の里親ママでした。

ですから多くの専門家のアドバイスを受けたり、二か月に一回くらいは静療院に三人の子ども（のちに四歳下の子どもが三人目の里子としてやってきました）を連れて、診察と一緒に三人の心理士さんのセラピーを一対一で受けたり、保健センターの健診や児童相談所の検査や聞き取りに行ったり、札幌市のみなさんに支えられている感じがしました。お母さんたちがいろいろな病院に行ったりするのをドクターショッピングと否定的にいわれたりもしますが、その気持ちはわかります。子育てが大変なのでいろいろな人にやさしくしてもらいたいのです。でも専門家同士つながってないとお母さんたちは混乱しますから、ここは気をつけたほうがいいですが。

私と子どもたちは、どこかに行った帰りには、みんなでマックに寄ったり、大変ななかでも楽しい子育てでした。

アオイは幼児期、集団の療育にもなかなか参加しない子でした。特にリズムは窓際に立って見ていることが多かったです。アオイは非常に繊細で不安が強い子どもでした。でも無理をさせなくても自分でいつの間にか参加していることが多かったので、先生たちも見守りながら時どき促しやりとりしていたと思います。でも十五時以降の日中一時支援の時間は、同じクラスの友だちのそばにいて同じ遊びをしたり、少しずつやりとりができるようになっていきました。最初のころは、友だちのおもちゃを取ってしまい、仕返しされて友だちを叩いたり、トラブルが頻発でした。それでもその同じクラスだった友だちとその後、小学校、中学校、高校と支え合って成長していきました。

三　こだわりとの付き合い方

三歳のときにわが家に来たアオイは、そこから関係をつくっていかなければならなかったので、なるべく気持ちには応えるようにしました。三歳からのスタートなので、乳児期のころの全面受容の時期ではないのですが、アオイに安心安全を感じてもらうために、本人のしたいことになるべく応えるようにしてきました。

アオイには、わがままと思われるような要求はあまりなかったのですが、三歳から五歳くらいまではポケモンのカードにこだわっていて、カードがないとパニックになり、よくコンビニに買いに行きました。あるときどこにも売っていないカードをほしがって、札幌市内のおもちゃ屋さんや大型スーパーを何軒も回ったことがありました。

そのときは結局どこにもなくて最後には少しパニックになりました。それでも一緒にいろいろなところを回ったので、私たち大人の一生懸命な気持ちが伝わったのか、それ以上のパニックにはならずにおさまりました。その後、アマゾンで申し込んで二週間後にカードが到着しましたが、待っていたら必ずくるということで心をおさめてくれました。

　また大型スーパーでは必ず屋上に車をとめ、エレベーターに乗るということにこだわっていました。それにもほとんど付き合いました。でも、ゴールデンウィークのとき、どうしても屋上の駐車場に空きがありませんでした。そのときはやはり大変で大泣きしパニックになりましたがしかたありません。なだめるしかありませんでした。

　ほしいおもちゃは自分のものと、誰が使っていても取ってしまい、取り返されると相手を叩くということもありました。むぎのこでは謝ってすむものの、デパートの子どもの遊び場でその行為を女の子にやってしまい、同じように女の子の頭を叩き、相手の親から猛烈に叱られました。叩いたこちらが悪いので、「すみません」とサーッと抱きかかえながらそばにあったエスカレーターに乗ってその場を消えるように去るしかないこともありました。

　服のこだわりもトーマスからピンクの服に変わったり、いろいろありましたが、こだわりは不安から来ていると黒川先生に教えてもらっていたので、こだわりに付き合いながらも、少しずつ安心感を覚えていくことで少なくなっていったようです。

　それは私が安心できる存在になったというより、育てている私を安心できるように、「大丈夫だよ。順調だよ」とまわりのみんなが支えてくれたのだと思います。

　小さなフィギュアを並べて見るのはずっとありましたが、それは集団から家に帰りホッとする自分の時間ということで楽しそうなので、こちらも微笑んで見ていました。

●言葉

三歳で出会ったときは、嫌なとき叫ぶような「キー」という発声はありましたが、まだ言葉がありませんでした。でも少しずつ単語らしきものが出はじめました。印象に残っていた言葉は「アック」です。「アック」って何だろうと最初はわかりませんでしたが、マクドナルドの前を通ったときに指差しして「アック」と言ったので「マック」だとわかりました。

言葉で気をつけたことは、「アック」を「マック」と正さなかったことです。当然本人は一生懸命発語しているわけですから、「うんわかるよー。間違っていないよ」という気持ちで一緒に指差しして「マックあったね。すごいね。教えてくれたね」と正さないで共感的に話していくようにしました。そんなやりとりは、言葉が通じるという実感がもてたのか、とてもうれしそうでした。

コミュニケーションをとるときに気をつけたことは、「わかるよー」、「間違ってないよ」と受け止めながら対応することでした。そして単語から二語文、三語文と会話が少しずつできるようになって、気持ちのやりとりができるようになりました。

アオイは頭で考えて学習できるところが強みでした。たとえば四歳のとき、自分の大切なポケモンのバッグを持って飛行機に乗るために保安検査場で手荷物検査のときに、大切なバッグを載せたトイレが見えなくなったときも、その場で一瞬にして大パニックになりましたが、検査を通過して向こうのほうにポケモンのバッグが出てくるとわかってホッとしたことがありました。その経験で学習し、帰りの手荷物検査で同じようにポケモンのバッグを検査場のトレイに置いて見えなくなっても、パニックになることはありませんでした。

いろいろな経験が怖いことではないという安心感が、この間に蓄積されたのだと思います。少しずつパニックは少なくなっていきました。

中学生の自閉症の女の子とも飛行場で同じ経験をしたことがありますが、その子は手荷物検査場の警備の人に対して「ドロボー」と大声で叫んだのです。なんとかその場をおさめましたが、小さなころから安心感のある関係のなかでいろいろな経験をしていくことは大切だなと思いました。

四　アオイの葛藤と成長

●年長になり驚いたこと

いよいよ年長です。アオイの場合、不思議なことに黒川先生の予言どおりパニックは少なくなりました。「黒川先生の言ったことは本当だったんだ」と結果を見て初めてそう思うことができました。

アオイは、私が働いていましたから、朝八時半の園庭やホールでの朝保育、十時からのクラスでの設定保育、給食、お昼寝、そして夕方までの日中一時支援と、保育園と同じような時間をむぎのこで過ごしていました。むぎのこは発達障害で感覚に過敏な子どもが多いわけですが、結構ワイワイと集団生活を送っています。これまでたくさんの子どもを見ていますが、小さなころから通園している子どもは安心感が出てくると、集団でも大丈夫になる子どもがほとんどです。

このようにむぎのこは一見ふつうの保育園と変わらないように見えます。しかし実は、場所やスケジュールが決まっていて、いつどこで何をするかわかりやすく構造化しています。日中一時支援など比較的自由な時間は、クラスに女の子が多かったこともあり、お家《うち》ごっこが盛んにおこなわれていたときもありました。クラスの積極的な女の子がリーダーシップをとって、お父さん役、お母さん役、子ども役などを決めて、いつもアオイは家で飼っているペットの犬役でした。みんなとコミュニケーションをとらないでその場にいるという感じでしたが、しゃべることなく家の隅にいるその役に満足していたようです。

ごっこ遊びを並行遊びに近いかたちでなんとなくみんなに参加して、それを友だちも認めるという居心地のよい年長の集団経験だったようです。また、ごっこ遊びそのものには参加していないようでしたが、アオイなりにまわりの様子を見てままごと遊びの人間関係などを学習していたと思います。その子たちとは、それからも小学生から中学・高校生と、大きくなるまで一緒に育ちました。

それでもアオイは年長になってもみんなのなかでリズムをすることはなく、リズムはいつも見ているだけでした。

また就学が近づいてきたので、文字の練習をしようと机での学習に誘いましたが、それも拒否。保育の大家の斎藤公子先生が、文字や習いごとは学校に入ってからと言っていたから、「まあいいか」と様子を見ていました。

十月に入り札幌市の就学相談に行くことになりました。そこではアオイの自閉的な問題を心配して「特別支援学級がいいのではないですか」と勧められましたが、一緒に育っているCちゃんは通常学級で検査結果もそんなに変わらなかったので、「この子は伸びしろがありそうなので、Cちゃんと同じ通常学級は無理でしょうか」と伝えました。すると、「少しお待ちください」と言って、子どもと親の面談をした方と相談したのか、「通常学級で頑張ってみましょうか」と言ってくださって、無理やり（?・）教育委員会のお墨付きをもらって友だちと一緒に地域の小学校に行くことになりました。

相変わらず字は読めないし書かないからどうしたものかと思っていたところ、就学前の十一月ころのことです。それまでアオイは字や数字にまるで関心はなく、学ぼうとすると却って嫌がっていたのですが、突然壁に貼ってある「あいうえお表」に載っている単語の文字を読みはじめたのです。そしてCちゃんと一緒に遊びながらテーブルで文字を紙に書きはじめました。「あれ、アオイくん、読めるし書ける」。これにもまた驚かされました。それからは、「この字は?」とのやりとり遊びを楽しんだり字を書く練習をしたりと、やりとりのなかで楽しむことができました。

●小学校

小学校生活がはじまりました。担任は年配のベテランの女の先生でした。アオイを受け入れていただくにあたって、先生にお願いしたことはただひとつ。それは、アオイのほうを見るときに「大丈夫だよ」と安心できるまなざしを向けてほしいということでした。発達障害の子どもを受け入れることに心配していた先生は、「それはできます」と少し安心したように笑顔で答えてくれました。

新しいステージに入り、おかげさまでアオイの小学校生活の前半は安定していました。毎日学校が終わってからむぎのこに来て友だちと勉強したり遊んだりしていましたが、学校の友だちとも遊びたいと言って、放課後むぎのこに来るのを嫌がったときもありました。そこは話し合いをして週一回はむぎのこをお休みして家に帰り、学校の友だちと遊ぶ日をつくりました。

その日は学校の友だちがうちに遊びに来るというので、どんな友だちなのかと思って、その時間に私も家に帰ってみると、みんな元気な子どもたちでした。いろいろとおしゃべりしながら活発に家のなかを走り回って遊び、そのあとをアオイが一生懸命について行くという感じでした。そのアオイの健気な様子に友だちもアオイも誰も悪くはないのですが、思わず宮沢賢治の『虔十《けんじゅう》公園林』のみんなからつらく当たられていた虔十の姿と重なって涙が出ました。

高学年になり、「むぎのこ以外の友だちができた」と喜んでいました。

そんなときです。アオイのクラスが「学級崩壊」のようになっているということを、たまたま買い物に行ったとき、地域のお店で働いている同級生のお母さんが教えてくれました。

そしてその首謀者のグループにアオイがいて、同じむぎのこのDちゃんという女の子もいるというのです。人間関係が得意ではないアオイが学級崩壊側にいるなんて!? さっそく学校に電話をかけると、やはりそうだというのです。びっくりしてアオイに聞いてみると、「最初は誘われて仲間になれてうれしかったけど、このごろはEくんの言うことをいつも聞かなければならなくなってつらい」とか細い声で教えてくれました。

友だちができたと喜んでいた矢先につらい思いもしていたとは本当に驚きでした。すぐに主治医の黒川先生に電話を入れどう対応したらいいか相談しました。

先生は、「その子と同じ場にいて距離をとるという人間関係はむずかしいので、少し学校を休むのも大切ですよ」と言ってくれました。そしてアオイに「今友だちに『ノー』と言うのがむずかしいならしばらく学校を休もうか」と伝えました。アオイもホッとしたように首を縦に振りました。Dちゃんのお母さんにも話をしたあと、学校の担任の先生に連絡をして事情を話してしばらく一緒に学校を休むことにしました。

そのとき、「ボクの本当の友だちはFくんたちだった」と同じく生きにくさを抱えて不登校をしている、小さなころからのむぎのこの友だちの名前をポツリと言いました。アオイのなかでずっと求めていた何かが見つかった感じでした。自分のアイデンティティを受け入れた出来事だったかもしれません。

それが十二月の中旬だったと思います。まもなく冬休みになったので、ほかの子も一緒にむぎのこに朝から来て、冬休みをむぎのこの友だちと過ごしました。北海道の三学期は一月中旬にはじまります。

「三学期どうする？　このまま休んでもいいんだよ」と私が言うと、アオイは、「三学期から学校に行く！」

「大丈夫かい？」（友だちが悪いわけではないのですが）

「大丈夫。もう友だちやめる。縁切ると言ってくる」と言うのです。心配でしたが、学校に送り出しました。

帰って来るとアオイが明るい声で、「今までありがとう。もう一緒に教室の外には出ないからと言った」。それを聞いた友だちはどうだったか心配でしたが、先生に任せることにしました。アオイはすっきりした顔でした。その表情に「本当に言ってきた。嫌なことは嫌だ。おかしなことはできない」と大人でもなかなかできないことを言えたまじめなアオイの成長を感じた瞬間でした。

それからは本格的にむぎのこで友だちと一緒にいろいろな活動に取り組みました。特に思春期に入る中学校生活は、学力的にも人間関係的にも、かなりの子どもが大変さを感じる時期です。感性の鋭いむぎのこの子どもたちも、この時期はご多分に漏れず大変さを感じる時期です。不登校になる子もいますが、アオイの学年は比較的学校に登校していた子どもが多かったです。放課後等デイサービスで、自分たちのメンタルヘルスを保った面もあります。学校では休み時間ごとに、男子たちが手洗い場に集まってホッとできる時間をもっていたようです。学校では一言もしゃべらないGくんは、むぎのこに来ると「口の多動になった」といわれていたくらいおしゃべりでした。アオイの仲間たちは、まだ言葉で表現するのはむずかしいけれど、こんなふうに誰しも生きるのに深い悲しみというか、つらさを心と体で感じていた子どもたちだったと思います。言葉で表現はしないけれど、それを分かち合う仲間の存在が、彼らの生きる希望につながったということは大げさなことではなく、大きな要因だったと思います。

●お母さんたちとの踏ん張り

人はいつどんな状況になるかわかりません。本人はけっして悪くはないのにつらい状況になったり、そのことで傷ついてしまうことが少なくありません。私たちは、発達に心配があっても不登校であっても、親元で暮らせなくなって社会的養育が必要であっても、できるだけ当たり前の経験、いや、つらい分だけ当たり前以上の経験をして大人になってほしいと思っています。

さて、アオイは中学に入り勉強が苦手になって、ほかにも勉強する気持ちをなくす子どもが多くいることに気がつきました。

そこで中一の冬休み、勉強の苦手意識を減らすためのお泊まり合宿を親たちが計画しました。午前中は勉強、午後はスケートなどのスポーツ、夕飯を食べて寝るまで勉強という日課でした。計画を伝えたところ、人と一緒に寝るのが嫌なアオイは最後まで反対しました。そのとき友だちのFくんが、「アオイがいないと、俺たち寂しいべや」と声をかけてくれて、アオイは重い一歩を踏み出しました。

勉強の時間になるとみんな嫌なので机に寝そべっている状態でした。親たちは子どもたちがこんなに自信がなくなっていることに驚きました。

そこで古家先生に、「勉強なんて、スポーツと同じ。筋肉運動だから、脳を動かす練習だから大したことない。あなたは私と違って若い脳だから使えば使うほど活性化するから大丈夫」と言ってもらい、やっと少しずつ顔を上げ学習モードに入りました。少しずつわかってくるとうれしくなったみたいです。顔を上げ勉強の苦手感をなくしたところで合宿は終了。

その後も夕方からむぎのこビルで勉強は続きました。学校ではBe動詞のamやis、areの違いも使い方もわからなかったので質問ができなかったようです。「なーんだ」とわかったときの顔はすっきりです。英語と数学の予習を中心におこないました。試験の前は社会や家庭科など全科目の要点を伝え、覚えることに集中しました。ですから教える前に予習しなければならない教える私たちも大変でした。

週末は旧中小屋小学校のお泊まり勉強会やスポーツ大会と、お母さんたちがご飯をつくったり、洗濯したり、わが子だけではなくほかの子のためにも必死で奮闘してくれました。

このエピソードは前々書でくわしく紹介していますので、ぜひ読んでいただけたらと思います。

●国内外への体験旅行

アオイが小学校六年生のとき、この前後の学年を連れてアメリカのカリフォルニアに行ってきました。子どもたちにカリフォルニアの自由な雰囲気を味わってほしいと思ったからです。サンランシスコの近く、ヨセミテ国立公園のなかのホテルに泊まることができ、雄大な自然のなか、みんなで探索することができました。バークレーの学校を見学して、日本の学校とだいぶ違う学校の雰囲気にびっくりしたようですが、何はともあれ日本だけが世界ではなく、世界にはいろいろな人がいて、いろいろな考え方や文化があって、違った世界もあるということを体感したのではないかと思います。

一緒に行った子どもたちのなかにはバレエを習っている女の子も多かったので、サンフランシスコではみんなでバレエを優雅な正装で見ました。でもバレエよりも帰りの地下鉄（バート）に乗るまでの街の怖さのほうが印象に残ったのではないかと思います。最後の夜、名物のケーブルカーでは立ち乗りで大騒ぎ、みんなで楽しみました。

日本国内も、山梨の清泉寮の牧場体験、私が参加する熱海の研修に付き添い、大阪市西成区での泊まりやユニバーサルスタジオ、北九州にあるホームレス支援をしている奥田知志牧師の教会（抱僕館）へのスタディツアーなど、休みのたびにどこかに出かけていた時代でした。

●高校から大学

アオイは高校はむぎのこの友だちと一緒に北星学園余市高等学校に進学ましたが、あまり目立たず静かな三年間だったと思います。ただ一緒に進学した友だちの追試には必ず仲間の誰かが付き添い、独りぼっちにさせないやさしさがみんなのなかに育っていました。

北星余市高校ではまあまあの成績でしたから、推薦で道内のZ大学に行くことになりました。今までは三歳からのむぎのこの仲間の誰かが必ずそばにいたので安心でしたが、この大学に入ったのはアオイひとりでした。大学での単位の取り方も初めてなので心配しました。しかしZ大学は障害のある学生のサポート体制が整っていてびっくりしました。サポートだけではなく、同じ悩みを抱える学生の集まりもありました。

アオイも定期的にサポートを受けたり、学生の集まりに行くように伝えたのですが、頑として行くと言いません。担当の先生たちにも、「大丈夫です」の一点張り。担当の先生は発達支援の経験のある先生で、「アオイくんの来ようと思ったときに来てもいいよ」と言ってくれました。結局、手厚いサポート体制があるのに、それを受けないということになりましたが、何かあったら理解してくれる人がいるという、この大学の支援体制には安心感を覚えました。

体験旅行や友だち同士の旅行で旅慣れているとはいえ、通学にＪＲに乗って隣の市へ行き、駅から大学までも結構歩くし、授業は理解できるのか、友だちはできるのかなど、心配なことはたくさんありました。

やはり心配したとおり取れない単位が増えていきました。本人が経済学というやったことのない授業内容を理解できるまで時間がかかりました。私も経済学はチンプンカンプンでしたから教えることができません。そのため大学二年生までに規定の単位数を取るのが厳しく、とうとう単位不足のため二年生で大学の無償化制度の対象からも外れてしまいました。

友だちはひとり、生協の前でおにぎりとカップヌードルを食べる学生がいたということでしたが、高校のときと違いいつも一緒というわけにもいきません。また学校にはりっぱなレストランみたいな学食があるのですが、使い方がわからなかったのか、人に会いたくなかったのか、利用したことがないとのことでした。

二年生になり、よその大学に入学したけれど行けなくなったむぎのこの友だちが、アオイの大学に新たに入学してきました。これで大学内でも知り合いがひとりでもいて通学できるかなと少し安心しましたが、その友だちは少し経つと大学に行けなくなってしまいました。ですからアオイの大学生活は、とても孤独なものだったかもしれません。ただゼミの先生は理解して気にかけてくださってできる範囲で配慮してくださいました。週末はグループホームに入った仲間に声をかけてもらい、月二、三回夜遅くまで語り合ったりゲームをしていたようです。

そうこうしているうちにコロナ禍（新型コロナウイルス感染症感染拡大）になり、大学の授業はすべてオンライン授業になってしまいました。大変なことになったかと思ったのですが、オンライン授業になりアオイは気持ちのうえで少し楽になったということでした。いつオンラインの授業を受けレポートを書いていたかわかりませんでしたが、三年生から急に単位を取りはじめました。それでも四年生になってもまだかなり単位が残っていましたので、ギリギリまで卒業できるかどうかわかりませんでした。

でも最終的に、三月の中旬に学生支援課から「ご卒業おめでとうございます」とメールをいただきました。実はそのメールは前日に届いていたのですが、「大学から連絡来ていないの？」という私の声がけで、やっとメールを開けたようです。表面的には変わらないようでしたが、あとから聞くと結果が出るまでは本当にしんどかったということでした。

その日から心と体が軽くなったように、それまで躊躇していた一人暮らしのマンションを探しはじめました。卒業は半年か一年延びる覚悟もしていたようですが、やはりうれしかったようです。

小さいときは、そのたびごとに嫌がっていた旅行でしたが、友だちと一緒に何度も出かけた経験が結果的に楽しかったのか、大学三年ころから新型コロナウイルス感染症の波がおさまるころを見計らって、ユーチューブで調べて一人旅に出かけるのが楽しみとなっていました。そして残り少ない大学生活最後の春休み、大好きな旅に朝早く出かけて行きました。

そして四月から社会人として一生懸命むぎのこの新人研修に取り組んでいるということでした。

第二部

むぎのこ式発達支援

第四章

発達支援・家族支援の基本的な考え方
――トータルな人間的つながり

一　育ちの基本はアタッチメント

こども家庭庁の「幼児期までのこどもの育ちに係る基本的な指針（仮称）」にも書かれていますが、発達に心配のある子どもも養育者や大人との愛着関係の形成が乳幼児期にはとても重要です。発達障害の子どもたちは、愛着関係の形成に時間がかかりむずかしいこともありますが、とても大切だと思います。人との関係や安心感は生きるための大切な目に見えない栄養です。

もちろんさわられるのが嫌だったり、目と目を合わせてのコミュニケーションが苦手な子どももいますが、無理にさわったり目を合わせようとしなくても、安心したその子なりのタイミングでこちらを見てくれますし、その子の許容範囲のなかでトントンしたり、抱っこしたりしします。そして子どものほうがいろいろあるけれど、「この大人は大丈夫かな」と生理的にも、感覚的にも感じていくことが愛着形成のプロセスともいえます。自分がつらいときに慰めてくれたり、不快を取り除いてくれる人がいる。このような安全感、安心感、人に対する信頼感は、生きるうえでの一生の土台となるといわれています。それは、何かができたからの安心感ではなく、存在（being）そのものへの肯定です。障害のある子どもたちもこの安心感の形成は、育ちの基本です。

障害のある子どもは、その特性のために不快感の表出のしかたが子どもによって違い、表出の度合いや回数が多いことがあるので、この時期のアタッチメント対象者になる大人への支えも必ず同時に必要です。

これまでのむぎのこの実践のなかでも、その時そのときに子どもがわかってもらってうれしい、安心するという経験が、子どもの主体性、能動性、挑戦につながっている姿はたくさんありました。毎日起こっているといっても過言ではありません。

サポートされての成功も人間関係の安定につながります。この時期にたくさん認められる、そして自分を肯定してくれる、応援してくれる大人がいて、少しずつ自分の気持ちや失敗体験とも向き合える力がついていきます。

支援としては、子どもが「わかってもらえた」という実感をもつようなサポートと、実際の場面では子ども自身が自分で成功できたという援助が大切です。

ＮＨＫの「すくすく子育て」で、甘えを受け止めるクラスの先生と、手伝わないで口で促すことが中心のクラスとでは、甘えられるクラスの子どものほうが、自分から着替えなどをするようになったとありました。そうなんです。できるできない、先生たちとの感情的―情緒的な関係を通して、自分でもやってみようという動機づけにつながることは、むぎのこでも同じようにいつも起こっています。やりとりのある、安心するやさしい先生のクラスの子どもの長期的な育ちは安定する。子育ては急がば回れですね。

和歌山大学の米澤好史先生は、愛着のメカニズムとして、この人といると安心してホッとし癒される。この「安心基地機能」が作用して元気が出て、「探索基地機能」が働くとむぎのこの職員研修でおっしゃっていました。離れても戻れるところがあるからです。これがアタッチメントの基本ですね。

アタッチメントは自分ができた新しい挑戦を大人に聞いてもらい、また「うれしい」「よかった」と思える機能です。大人と離れても自分の経験を報告することで、「ポジティブな感情」を増強し、「ネガティブな感情」を軽減する機能です。その機能が働いて子どもは新しいことに挑戦し、めげることがあっても立ち直り乗り越えていくことができるのです。クラス活動やグループでの集団活動のなかでも、個々の子どものニーズや特性を把握して、このようなことを意識した個別的なかかわりをしていく必要があります。

二　信頼関係を形成することと、大切なことを伝えること

今までたくさんの子どもやお母さんたちに出会ってきて、人間の育ちの基本は、自分の気持ちが受け入れられて、そしてお母さんや大人、友だちの言うことを受け入れることができることだと思います。このことは言いなりになるのとは違い、人間の基本的な信頼感・安心感です。

これまでさまざまな子どもにかかわってきましたが、定型発達と呼ばれる子どもも、発達に心配のある子ども、障害特性のある子どもも同じだと思います。しかし、発達に心配のある子どもや障害のある子どもは、よりていねいに関係性をつくりあげていく必要があります。

感覚過敏などさまざまな過敏性があり、見通しのなさからくる不安、変化に柔軟に対応することのむずかしさなど、配慮しなければならないことがあります。

ベースに不安がありながらも安心できるには、アタッチメント対象者がいて信頼できる関係の構築が大切だということです。不安になりやすいからこそ、それを和らげてくれるアタッチメント対象者の存在は大切です。

特定の大人との安心感から、アロマザリングといわれるように、おじいちゃん、おばあちゃん、近所のおばさん、保育園の担任の先生、ほかのクラスの先生といろいろな大人への安心感に広がっていきます。子どもによっては時間がかかったりしますので、子ども一人ひとりの発

達や心情、今置かれている育ちの環境などをよく知ったうえでのアプローチが必要です。また甘えが出てくると受け止める側も大変になるので、子育てのサポートとの一体化が大切です。大好きな大人の言うことだったら聞いてみる、やってみようとすると、お母さんや保育士の話を受け入れることが少しずつできるようになります。そうしていくと適応行動も増え、子育てがしやすくなりますし、かわいいと思える場面も増えていきます。

自閉スペクトラム症の子どもたちに対しては、脳機能の違いがあるとされていますが、そこにばかり焦点を当てると療育の根底に必要な安心感の形成が見失われがちになってしまいます。視覚的支援やプログラムは、子どもにとってこれまでの科学的かつ論理的な面からエビデンスベースで有用な支援です。しかしプログラムをしっかりと学び、本質をとらえ、決まった支援やプログラムに子どもを合わせようとしないで、いろいろな側面から子どものニーズをトータルに把握し用いることが大切だと思います。

発達支援を学ぶ基礎段階ではプログラムありきでよいと思います。しかし、専門的に経験を積んでくると、支援者は常に目の前の子どもに何が必要で、ニーズはどこにあるのか、このプログラムの何が有効か考えていく作業が必要であるということを、プログラムを本当に理解している方はよくわかっていると思います。

このことについてスタンフォード・オンラインハイスクール校長の星友啓さんは、「『良い教育』や『良いツール』みたいなものは単体としては存在しないと思っています。よく『良いカリキュラムはある?』と聞かれるのですが、それは生徒や先生により異なります。大切なのは、学校や教育者側の『こういう教育をやりたい』という理念ではないでしょうか。僕の場合は、**『子どものニーズと教育法のベストマッチング**を目指すこと』が理念です。今は様々な教育のツールやカリキュラムがあるからこそ、教える側の理念が問い直されている。理念を持たずして『どのツールを使うか』から入ると、ツールに踊らされることになりかねません。」（太字筆者）と語っていました（朝日新聞、二〇二二）。

どのプログラムもエビデンスに基づいてすばらしいのですが、むぎのこでもこれまで、どうしても経験の浅い職員がプログラムやツールを学ぶと、そのプログラムの真髄を学ぶことなくかたちだけ真似することになってしまうこともありました。

むぎのこではプログラムの真髄を職員が理解するために、そのプログラムが外国でつくられたプログラムであれば、時にはその国に行っても真髄を含めて直接プログラム担当者から学ぶようにしています。そのうえで、本質を学び必要なことを取り入れてむぎのこでの支援に落とし込んでいます。

ここが発達支援の簡単ではないところです。むぎのこでも、一見同じようなことを四十年前からおこなっていますが、目に見えない真髄は本質であることを、日本の先生たちからだけではなく世界からも学んできました。でも、四十年かかってもこれで完ぺきということはありません。専門職としてプログラムや支援スキルを学ぶことは必要です。しかしそれだけでなく、目の前の子どものニーズや心情を理解しようと努力して自分でも考えることが大事です。歴史や先行研究などを学び、自分で考え新しい未来をつくることに似ています。

三　子どもを肯定し、達成感、自己効力感を育む支援

最近、私の母校である遺愛女子高校に行って学んだことがあります。遺愛女子は函館にある中学・高校ですが、英検の取得率が高く難関といわれる大学に入学する生徒が多い学校です。

私は、自閉症タイプの子どもが、なぜか英語に興味があり、英語だと会話しやすいことを感じていました。第一章で紹介した中程度の知的障害のある自閉症のヨウタくんも動物の名前はほとんど英語で言えます。コロナ禍（新型コロナウイルス感染症感染拡大）の前は外国に毎年のように行って、レストランや会議場で「プリーズ」、「サンキュウ」、「マイネーム　イズ　ヨータ」、「ハウ　ドゥ　ユー　ドゥ」と日本語のときよりもはっきりと、そしてうれしそうに会話していきます。

パニックが多かった重度の自閉症のコタロウくんも会話ができないのですが、ボードに自分の言いたいことを「ノー」「イエス」と書く英語によるコミュニケーションをきっかけに、日本語でもコミュニケーションがとれるようになりました。もちろんパニックも減りました。さらに最近急に泣き出したので、「どうしたの？」と聞くと入院していた職員の「キクチさん、

いなくてさみしい」と言ったそうです。自閉症の方が快不快ではなく、寂しくて泣くという感情が表出できることは、みんなのなかで暮らし人との信頼関係をつくってきたからだと思います。

麦の子会の生活介護では、ネイティブの先生が来て英会話教室をおこなっていますが、このときの言葉のやりとりには抑揚があってスピード感もあるのでコミュニケーションも楽しいのだと思います。

通常学級に行っている発達障害の子どもたちに勉強を教えていたときも、英語は入りやすく成績の上がった子どももいました。

ということで、発達障害で二次的に勉強に自信をなくしている子どもたちに英語をどのように教えたら自信と力につながるのかを学びました。

遺愛女子高校の先生から学んだことは、

①生徒に「なんでできないの?」は禁句で、できるようにさせるのが教師の役目。
②しっかりほめる。否定的な言葉は使わない。
③英語が嫌いにならないように、勉強のしかたを教えて達成感をもたせる働きかけをする。
④満点を取るまでていねいに教える。生徒の面倒をみる（函館にはたくさんの塾がない）。
⑤先生たちが生徒のために苦労しないと伸びない。
⑥生徒に聞くと先生たちに大事にされているという感覚があり、生徒も頑張る。

⑦生徒が素直でやさしい子が多い（大切にされて育つ）。
⑧先生が出た大学のレベルや先生自身に留学経験がなくても、先生の寄り添う力、教える力は別。
⑨毎日の積み重ねの結果が自己効力感につながる。
⑩授業では先生と生徒のキャッチボールが大切。
⑪五十分の授業が途切れないようにスピード感をもって組み立てる。
⑫受験などが近づくと生徒にマンツーマンで先生がつく。

ここで先生が語ったことは、発達支援の場で大切にしていることばかりでした。根底にあるのは先生たちに肯定的にかかわってもらい、生徒自身、自分がここで大事にされているという信頼感が学ぶことへのモチベーション、学力につながっているようです。

一緒に行ったむぎのこの若い先生たちも、「子どもたちを肯定し、スモールステップで達成感、自己効力感を育む支援は、むぎのこと同じですね」という感想でした。

この学力、英語力の高い遺愛女子高校を見学し、先生から教えてもらった教育のありかたを通して、勉強にはマジックはないと思いました。教育のありかたとは、先生が生徒を肯定し、そのうえでその生徒が興味をもてるように教え方を工夫して、生徒の毎日の達成感を育む積み重ねです。生徒のやる気を引き出すことは、まさに教える側の努力です。

むぎのこでも、さっそく先生たちが協力して不登校気味の子どもたちへの毎日の英語クラスがはじまりました。努力しているのは中堅の先生だけではなく若い先生たちもです。子どもたちは最初は嫌いやでしたが、先生たちに励まされて少し見通しをもてたおかげで、やる気が少しだけ出たようです。お母さんやお父さんもバックアップをしてくれています。勉強がどちらかといえば苦手な子どもたちです。不登校の子どももいますが、毎日夕方の勉強に来ています。そして遺愛女子高校の先生からのアドバイスもあり、5級からですが、英検にも取り組んでいます。

一回目の英検の挑戦で残念ながら5級を落ちたHくんがいました。落ちてしまったHくんは、くじけそうになりもう勉強したくないとなってしまいました。

もちろん先生たちは、彼をたくさん励ましてくれました。加えて一緒に勉強した仲間も、「一緒に続けていこう」と言ってくれました。そしてなんとか英語の勉強を続けることになりました。Hくんにしたらどんなに勇気が必要だったかと思います。

そして、最近再度英検5級に挑戦しました。Hくんのお父さんも一緒に英検4級を受け、お母さんも5級を受け寄り添ってくれました。先生も親も一緒に励まし、実際に取り組んだのです。

そして無事二回目で5級に合格したのです。Hくんはフードを被りながら「やればできるんだ。ありえない」などブツブツと何かしゃべっていましたが、表情は晴れやかでした。「頑張ったねHくん。頑張ったのはHくんだね」と言うと、静かに首を縦に振ってくれました。

前回5級に受かった子どもたちも一緒に心から喜んでくれたとのことです。以前から育ててきている発達障害の子どもたちにとっても仲間の存在の大切さは感じていましたが、またこの何気ない励まし合い、心を通い合わせる関係が本当に大切だとここでも感じました。

やはり支援の根底に必要なのは、子どもに一生懸命寄り添い、感情的にも情緒的にも結びついて、子どもが感じる安心感と安全感・信頼感そして挑戦であることを忘れてはいけないとあらためて思いました。そして若い先生が、一度落ちた5級に再挑戦して合格したHくんのことを心から「本当に良かった」と報告に来てくれたことに、私自身も感動しました。若い先生も心を込め一生懸命子どもとかかわった結果の喜びは、自分の喜びと力になったようです。

イタリアではインクルーシブ教育のなかで、障害のある子どもが、なかなか達成できない課題をクラスのみんなで「がんばれ」と応援する。クラスメイトはその子のことが自分の喜びにもなっているということが、『コトノネ』という障害者福祉の雑誌（Vol.46、二〇二三、一七頁）に書かれていました。私はこの記事を読み、また実際に私もイタリアのボローニャに行って関係者の話を聞いてインクルーシブの本質はそこにあるのではないかと思いました。

「成績、運動といろいろな違いはあっても、仲間の痛みは自分もなんだか苦しい。仲間の喜びは自分もうれしい」、このシンプルなことかもしれません。

いじめはこの反対です。いじめは、パワーバランスの差と間違った考え方で起こるとされています。いじめがあるということは、人間が本当の意味で幸せになれません。被害者も加害者も傍観者もです。

後日談ですが、Hくんはその夏、英検に合格した仲間でお父さんたちと一泊二日のキャンプに行ったようです。一人ひとりはつらさを抱えていても、キャンプでの写真に写る顔は充実感が感じられるものでした。このままつらいとき、うれしいとき、楽しいとき、支え合って大人になってほしいと思います。

以前に自閉症のふたりの青年に「支援者に必要なことは何?」と聞いたとき、ふたりとも「やさしさがあればいいのでは」と言ったことと共通しています。加えるならば、そばにいて緊張しない助けを求められるホッとできる存在です。そして子どもの可能性を信じてすてきに寄り添ってくれる大人のことが子どもは好きで、それが自信につながるようです。

大人になるまでにつらい思いを経験した発達障害のある方やトラウマなどがある方の場合は、自分の思いと違う意見はなかなか受け入れられないこともあります。

大学院でリネハンの弁証法的認知行動療法を学んだときに、そのままはできないけれども、発達障害の方がたにもこの考え方をベースにしたアプローチがいいのではないかと思ったのです。

弁証法的認知行動療法は、受容の大切さを強調しています。そのうえで本人が変化するにはどうしたらいいかという観点がもてるように促し、教育的アプローチを取り入れ、弁証法的に次の変化を生み出す、チームでアプローチする方法です。

具体的には、感情は良い悪いではなく、その方の「気持ち」をしっかり受け止めると同時に、「教育的なアプローチ」をする人を分けてかかわっていく、チームでの関係性をつくっていくなかで安定していく方もいました。

むぎのこの保育場面でも、子どもたちに必要に応じてこのようなアプローチを保育士さんたちがおこなっています。

むぎのこのお母さんたちにもこのようなアプローチをチームでおこない、多くのお母さんは今むぎのこで働いて子どもを支える側に立ってくれています。最初は狭い考え方のお母さんたちが、多方面からものを見る広がりある考え方に変化し、自分でも納得していく感じです。進んでいくと自分のことも振り返って反省ではなくユニークな自分自身を笑える感じです。

また、発達障害の方は孤立しやすいので人との太いパイプが必要です。自助グループのような安全な「あるある」体験を話す仲間が必要だと思います。環境調整したり特性にも配慮しつつベースとなる人間関係の安心感の構築が、特に子ども期には大切になってくると思います。

●タイチくん――気持ちを受け止められること

タイチくんは家でお母さんに対しての暴力が止まらず、十歳のときにむぎのこに来ました。お母さんともう一緒に住めないのではないかということで、児童相談所は次の受け入れ先を探しました。市外に受け入れてくれる施設が見つかり、学校も転校しなければならなくなりました。

タイチくんの様子は変らず、落ち着きません。タイチくんは、何か訴えたいことがあるようです。そこで、医師の診察に入りました。むぎのこの場合、里子など社会的養育を必要としている子どもと家族が中心に、月二回、子どもと親御さんの承諾のもと、保護者（実親、里親）、子ども自身、放課後等デイサービスの先生、ショートステイの職員など、子どもにかかわっている関係者が集まって一緒に医師の診察に入ります。それはオープンダイアローグみたいです。

タイチくんは言葉は不自由でしたが、指で文字を指してコミュニケーションができます。医師が、「何かつらいことや思っていることがあったら教えてくれるかい？」と言うと首を縦に振ってから、「転校したくない」とひらがな表を指差しして教えてくれました。

医師は、「わかったよ。転校したくないんだね。私はそれをやれる立場ではないけれど、タイチくんの気持ちはわかったよ」と言いました。

タイチくんはそのやりとりを、むぎのこの先生やショートステイの職員たちと一緒に聞いていました。その言葉を聞いたショートステイの職員も、なんとかタイチくんの願いを実現させたいと言ってくれました。現場も大変でしたが、タイチくんの思いを聞きみんなで決心しました。タイチくんは三月まではそのままむぎのこで過ごし転校しないで小学校卒業まで通学することができました。すると何よりタイチくんの気持ちが安定してきました。時どきほかの子どもとの関係性で不安が強くなったりすると、自分から助けを求めたり、部屋に入って落ち着けるようになりました。彼の物語はまだ続きます。もちろん環境が変わったりすると落ち着かなくなったりしますが、まわりが彼の気持ちに寄り添うことで、少しずつ大人になってきていることはうれしいですし、サポートしてくれるみなさんに感謝です。

●環境調整も大切

人との関係の大切さを伝えてきましたが、それだけではなく一人ひとりに合った環境調整も必要です。ここでは細かなことは省きますが、厚生労働省の「保育所保育指針解説」（二〇一八）にも書かれています。

「乳幼児期は、生活の中で興味や欲求に基づいて自ら周囲の環境に関わるという直接的な体験を通して、心身が大きく育つ時期である。子どもは、身近な人やものなどあらゆる環境からの刺激を受け、経験の中で様々なことを感じたり、新たな気付きを得たりする。そして、充実感や満足感を味わうことで、好奇心や自分から関わろうとする意欲をもってより主体的に環境と関わるようになる。こうした日々の経験の積み重ねによって、健全な心身が育まれていく。

したがって、保育所保育においては、子ども一人一人の状況や発達過程を踏まえて、計画的に保育の環境を整えたり構成したりしていくことが重要である。すなわち、環境を通して乳幼児期の子どもの健やかな育ちを支え促していくことに、保育所保育の特性があるといえる。」

（厚生労働省、二〇一八）

四　子どもが救われるためには、家族が救われなければならない

●熱のある子どもに怒りをぶつけるお母さん

だいぶ前の話ですが、風邪が流行っていて、また土曜日の午前中ということもあり、町のクリニックは大変混み合っていました。待合室にいる方はみんな調子が悪くて来ていますし、いつ自分の番が来るのか、みんなうんざりしたように待っていました。

小さな子どもも何人かいて、そのうちのひとりがぐずり泣きはじめました。調子の悪いときの子どものぐずりは、まわりの人たちにとってもつらいことです。みんなは、「こんなに待たされる状況で、まして調子が悪いのだからしかたない」と我慢していたと思います。

そのとき、お母さんの怒声がクリニックに響き渡りました。「うるさい。あんたが熱出したせいで、ここに連れて来てやっているのに」と泣いている子どもに怒りをぶつけ叩いたのです。まわりは一瞬にして緊張感に包まれました。もちろん子どもはもっと泣き出して、まわりの方がたは、「子どもがつらいのに信じられない、ひどい親」という雰囲気がそれぞれの表情に漂いました。見かねて六十代くらいのおばあさんが、お母さんを責めるわけでもなく子どもに向かって自然に「具合悪いんだよね」と声をかけてくれました。

「ありがとう、おばあさん」と私は心のなかで思いました。その言葉のおかげで、お母さんの怒りで張り詰めた待合室の空気が変わりました。私自身は、情けないことにその親子に何もできずに、まなざしで「大丈夫だよ」と子どもを見つめ、お母さんもまわりから責められないように笑顔でいるのがやっとでした。そのとき、その子の名前が呼ばれて診察室に入り一連のことは終わりました。

そのとき私は何もできませんでしたが、家に帰ってからもクリニックでの親子のことが頭から離れませんでした。子どもは熱が出て調子が悪いのでぐずってしまうのは当たり前のことです。またそのとき、抱いたりあやしたりします。でも、子どものぐずりと母親との間に、母親も子どもがぐずると困ってしまい、子どもとの気持ちの並行プロセスになってしまうという観点が日本の子育ての価値観には抜け落ちていました。母親なら子どものつらい気持ちを受け止めるのが当たり前という意識が日本は強いのだと思います。

この価値観にこれまで日本の母親たちは、どんなに苦しんできたでしょう。むぎのこのお母さんたちは語ります。子どもをきちんと育てられない母親という外圧が、どんなにかつらかったかと。障害のある子どもを育てる側になると、またいろいろな意味でむずかしいことが多い子育てをしていると、子育て当事者に対するこの社会の冷たさを感じることが多いのです。それは男性から、同じ女性でも年配から、きちんと子育てをしていると思っている方がたすべての人が冷たいと感じるのです。しかし最近になって、お母さんたちは勇気をもって「つらいときは、つらいと言っていい」という声が少しずつ広がって、子育ての輪ができてきて子育て支援が広がってきているのはうれしいことです。

日本の少子化も、子どもと子育て当事者への理解が少なく、子育てはどこかつらいもので大変という意識が影響しているといっても過言ではありません。

熱を出して調子が悪くぐずっている子どもに対して、「うるさい。あんたが熱出したせいで、ここに連れて来てやっているのに」というお母さんの言葉は、そこだけを聞いたらひどい親だと思う方がほとんどでしょう。

お母さん自身は精一杯努力してクリニックに連れて来たのに、そこで泣いてぐずられてこれまでの一杯いっぱいの心が折れてしまって、子どもに当たって叩いてしまったのかもしれません。お母さんを助けてくれるパートナーや親族の存在はそこにはありませんでした。

お母さんの怒りを我慢する器も、まだ若いお母さんということもあり小さいのもかもしれません。また、誰かに自分のことや子育てのことを責められた経験をもったお母さんだったのかもしれません。

子どもの調子が悪いときに、お母さんの大変さに寄り添ってくれる人、子育てを応援してくれる人がいないと自分を責め、結果として子どもを責めてしまうことにつながってしまいかねません。お母さんだって心の支えや生活の支えが身近に必要です。

●バレエに行きたくない

里子のアキくんが洗面所で大声で泣いて、「バレエに行きたくない」と繰り返していました。私は「まただ」と思い、最初は「そうは言っても、行かないといけないよ」と言っていました。でも、そう言ったところで、もちろんアキくんに変化はなく、地団駄を踏んでますます大きな声を出しています。

そのとき、私は先日のクリニックでの出来事を思い出しました。

外見からはわからないのですが、アキくんは少しのことでも傷つきやすいのです。バレエの先生はやさしくもあり厳しくもあります。発達障害の子どもや知的障害の子どもに対しても粘り強く受け入れて指導してくれます。アキくんも三歳からバレエを習っているのですが、かなり理解していただいて続けさせてもらっています。

アキくんにとって習い事は、家庭、学校、むぎのこ以外の居場所になっています。先生もアキくんのことを目にかけてくれているので、コンビニでお金を使いすぎることがあるアキくんのおこづかいを先生に預かってもらい、そこから飲み物や食べ物、必要な物も買ってもらうようにしたこともあります。時どき先生からバレエのレッスン中に叱られることがありますが、障害のあるアキくんにもコンクールに挑戦させてもらい認めてもらっています。しかし、アキくんは一般のお子さんに比べてバレエでもできないことがあり、アキくんにとってはストレスになることもあります。バレエスタジオの大人の方からすると、わがままと思われているかもしれません。

その日も本人にとっていろいろ大変なことが重なっていたのだと思います。特に先生に怒られたイコール否定されたと思い、気持ちがつらくなるのがアキくんです。

私は、「あーもー」と思いながら気持ちをアキくんの側に切り替えて、「わかったアキくん、つらいんだね」と泣いて暴れているアキくんを抱きしめました。結構泣いていましたが抱かれることに拒否はしなかったので、「つらいんだね」、「わかったよ」と何度も繰り返していくうちに、気持ちが落ち着いてきて首を縦に振って私にピタッとくっついて少しずつ泣きやみました。

「バレエの先生はアキくんのことを、『よくやっているよ』『がんばっているよ』とママにはいつも言ってくれているよ」、「先生がそう思っているのだから、アキくんはバレエ教室でも大丈夫。やっていけるよ。ママからも先生に電話かけておくから」と励まして、時間はかかりましたがアキくんも気持ちが立ち直りバレエのレッスンに行くという気持ちになってくれました。先生には「アキくんは、今日は少し落ち込んでいますが、よろしくお願いいたします」とお伝えしました。そしてバレエから帰ってくると、何もなかったように明るく友だちと外で遊んでいました。

バレエを習わなければこのストレスから解放されるとは思うのですが、三歳からやり続けていたことで、アキくんにとっても体に刻まれた財産です。心の調子がいいときはとても前向きに頑張れるのです。アキくんにとってバレエは居場所でもあり、アキくんなりに挑戦していくことなのかもしれません。時どき嫌になったり、くじけたりはありますが、先生やまわりの大人との連携で、またやりたい、行きたい場所になったりします。自分の人生の選択として、続けるか辞めるはアキくんが決めることだと思います。でも、家庭、学校、むぎのこ以外の居場所があって、アキくんはバレエの先生たちや友だちにも支えられて今があるのだと思います。そうやってアキくんも成長していきました。

今では専門学校で保育を学んでいるアキくんですが、この夏、専門学校の保育実習の最中にバレエの発表会がありました。もともと字を書くのが苦手なアキくんは保育実習記録とバレエの練習の両方をやり遂げました。「子どものころから続けていたから辞めるのもったいないと思い出してきた」と言いながら、発表会では四人のソリストに交じって、堂々と踊っている姿に、「精一杯頑張っているアキくんのバレエはこれでよし」と思いました。

障害があったりしてできないことが多かったりすると、傷つきやすく、不安にもなりやすいので、その分励ましもたくさんいると思います。普段は結構反抗していても、いざとなったらセンシティブな子どもたちが多いのです。

心の支えがないと、子どももお母さんもつらい状況になってしまうことは確かです。それをもっと変わるべきだといっても、そうはいきません。「どうしてそんなことで、怒ったり、泣いたりするの?」と思うことでも、人前では出さないけれど、身近な関係ではネガティブな感情を出しているのかもしれません。

先のクリニックでのお母さんもアキくんも、気持ちを外に出していることはきっと良いことにつながります。助けてくれる、理解してくれる人にも出会えるからです。またそうあってほしいと思います。せっかく気持ちを出してくれても、何も対応されないと却ってつらくなりますから。

人は気持ちを受け入れられて自分の器を少しずつ大きくしていくのだと思います。それが自己肯定感につながるのだと思います。人生の初期にそれができたらいいですが、大人になってからでもけっして遅くはありません。

五　人はひとりでは育たない――親も仲間が必要

人はひとりでは生きられません。子どももまたひとりでは育ちません。育ててくれる人がいて育ちます。それが親、祖父母、そして里親であるかもしれません。子育てする人がいて子どもが育つのです。ですから子どもを救うためには、家族への支援はかかせません。

長年、子育ては母親が担わなければならないという価値観があり、母親たちを苦しめ追い詰め、ひいては社会からのプレッシャーが子どもの成長にも影響する場合もありました。そのことが、日本社会の子育てを楽しむというより、いろいろ大変な現状につながっているのではないでしょうか。

少子化もこのあたりの問題に目を向けてこなかったことも一因ではないかと思います。それは子育ての大変さにあまり目を向けてこなかった歴史ともいえます。

母親になったらこれくらいできるのが当たり前という子育て観のなかで、なかなか子育ての大変さの本音をお母さんが話すのがむずかしかったともいえます。社会全体で子どもを守る意識が弱かった日本は、りっぱなお母さんとそうでないお母さんに分断されてきたともいえます。ですから、知的障害のあるお母さんの子育ても肯定されてきませんでした。

子育ては喜びと同じくらい大変さもあります。赤ちゃんのときの大変さは、夜中の授乳やミルク、オムツ交換（昔は布製だった）、夜泣き、言葉のない赤ちゃんの気持ちをキャッチしたり、機嫌に寄り添ったり、赤ちゃんの痛みがわからないので病気の心配をしたりです。

少し大きくなってくると、イヤイヤ期、偏食、睡眠障害、反抗期、保育園や幼稚園での友だち関係。小学生、中学生になると、いじめの問題、学習の課題、身体的変化、反抗、暴力、非行、不登校、不安、抑うつなど、悩める子どもも増えてきます。子どもも混とんとした状態から自律した自分が生まれてくるわけですから、外的にも内的にも強いエネルギーをもつ時期で、それに対応して子育ても大変になっていきます。加えて思春期の子育てのサポートが少ない現状もあります。

これだけ大変なことをほとんど親の責任としてきた日本の子育ては本当に大変です。残念ながらこのような状況では、親の抱えているものが小さな子どもに向かっていくという構造の不適切な養育も増えてしまいます。

それでもお母さんたちはよくやっていると思います。そしてお父さんたちも学費をはじめとする子育てにかかる経済的負担のために、子育ての時間も取れず必死で働くしかなかったこともあるでしょう。共働き家庭もです。国に税金を納めるという大事なことをしているのに、共働きでは子どもが育たない、かわいそうという意識もありました。

こども家庭庁ができて、この国も少しずつではありますが、経済的な負担も含め子育てのサポートに本気で取り組んできていることはすばらしいことだと思います。

保護者が余裕をもって、また協力して子育てができるように働き方を見直す必要があります。イタリアの学校の先生は、給料はそんなに高くないけれど週に二十七時間労働ということでした。先生にも福祉にもこれくらいの余裕は必要なのかもしれません。フィンランドの保育園もスウェーデンの保育園も十六時にはほとんどお迎えに来ていました。

子育ての大変さを地域の専門家も一緒になって応援する。気軽に相談したり、預ける場所があったり、みんなで子育てを学んだり、気持ちを出し合ったり、そんな環境が必要です。

フィンランドのネウボラなどの子育て支援が有名ですが、イタリアでも生まれる前から、成人さらにその先にいたるまで地域の保健機構が担ってくれています。そんな国もあるのですから、なんとか日本も日本の良さを生かして、本当に子育てしやすい「こどもまんなか」の国になったらいいと思います。「こどもまんなか」は、人が大切にされる社会のことです。

六　子育てする側の支援とは

●妊娠期からの対応

初めての妊娠で多くの母親は、妊娠そのものが一体どのようなことなのか、体の変化などあまり知らないまま妊娠することがほとんどです。男女ともに学校でもしっかりと妊娠についての教育がなされているとはいえません。また妊娠は喜びだけではなく、思いがけない妊娠や望まない妊娠もあります。そのような妊娠にまつわるいろいろな葛藤を気軽に相談できるところが必要です。ＮＩＰＴ（新型出生前診断）など出生前診断への対応もあります。

こどもまんなか社会は、妊娠期から、できればそれ以前からスタートしなければならないと思います。まず妊娠することへの理解です。妊娠葛藤相談の電話を受けていると、孤立している方がほとんどです。妊娠イコール罪悪感になってしまっている場合も少なくありません。ことの善しあしを超えて、目の前のその方を支えて、どんなときも孤立しないよう医療や母子保健、福祉、行政などの関係者が協力し合わなければ、まだまだつらい事件は起こってしまいます。

●むぎのこでのお母さん支援

むぎのこ児童発達支援センターでは、お母さんを中心とした養育者が子どもと一緒に療育に参加しています。そして子どもの発達、良いところ、困り感、親子関係、子育ての大変さなどを、心理士さんが中心になってスーパーバイザーとして一緒に保育に参加したあと、お母さんと話し合います。お母さんの話を聞いて、また現場の保育士さんからも話を聞いて、子どもの発達や困り感、特性を見極めて、心理士さんからのお母さんへのアドバイスなど、お母さんの気持ちに寄り添いつつ子育てで大切にすることなどの話し合いの場にしています。一人ひとり、子どももお母さんも家族も違うので、アドバイスや話し合いの内容は違ってくるのですが、子どもの発達で大切なことはそれぞれに共通することや参考になることがたくさんあって、お互いに子育てを学ぶ機会になります。またグループでの話し合いになるので、それぞれの悩みの共有の場にもなって、結果としてクラスのお母さんたちの助け合いの場にもなります。

このような取り組みが、むぎのこでは二十年以上続いています。振り返ってみると、子育ては本当に大変なときもあるけれど、葛藤しつつもサポートを受け、助け合いながらお母さんたちも成長し、わが子に向かい合う力が少しずつついてきています。お母さんたちがこのような場や園生活を通して人間関係で安定して人や社会を信頼できるようになると、子どもは障害があっても安定し、まわりを信頼できる大人に成長することが多いようです。

●保育園・こども園でも家族支援を

保育園やこども園には多くの子どもが通ってきています。

保育園・こども園に通園する子どもの親御さんも年に何回か子育て休暇というものがあり、保育園の日常を親子で経験するという日があってもいいのではないかと思います。

子どもの困り感や子育ての困り感は、なるべく早いうちに支援するとあとからの影響が少ないと思います。そのため保育園時代から年に一、二回はカウンセリング（子育て相談）の時間をもてたらいいと思います。心理士だけではなく、子どもの環境の心理的な影響などを学んだベテランの保育士や子ども専門のソーシャルワーカーには、親御さんが話せるようなカウンセリング的な技法も必要です。

その場合は子育て相談だけではなく、自分の悩みも話せるという環境が大事だと思います。子どもが小さなうちから、親も子もいつでも助けを求めていいし、誰かが一緒に解決してくれるという気持ちを子育て中の親御さんにもってもらうことが、これからの日本の子どもの健やかな成長を考えるときには必要になってくると思います。

小さな子どもにとって親や養育者は大きく影響します。親や養育者が子どもにとっては一番大切な存在なので、家庭というクローズドな環境でつらい思いをしないように、少しでも風通しを良くして社会的に親子関係をサポートしていくシステムが大事です。お母さんが自身の成育歴のなかで、親などからたくさんかわいがられた経験があったらいいのですが、実際はそうはいきません。子育て中にたくさんの人に出会って、お母さんたちが大事にされることが、子どもをかわいがることにつながります。

●「私のお母さんを助けてほしかった」

高校生のリナちゃんは発達障害があり、また育ちの大変さのなかで生きてきました。高校生になってから、縁あってむぎのこで暮らしています。

今、リナちゃんは、自分のお母さんと同じくらいの年齢のお母さんたちに支えられています。あるとき精神科医の診察で、「むぎのこのお母さんたちは、みんな支え合っている。そして私も支えてくれる。私のお母さんの子育てはきっと孤独だったのだと思う」、「お母さんを助けてほしかった」とリナちゃんは語りました。

そのとき精神科医が、「むぎのこのお母さんたちたちは、支援を受けたり支援をしたり、いろいろな経験やいろいろな考えの人に出会って、自分の良いところや短所も含めて自分を知り、自分以外の人の気持ちにも立つことができたんだよ。それをメタ認知能力が高くなったというんだよ」、「お母さんは孤独だったかもしれないね」、「お母さんも大変だったね」とリナちゃんに語ってくれていました。

本当に、孤独はお母さん自身も大変だし、子どももいろいろと我慢したり、大変なことを背負うことになることを教えてもらった気がしました。

むぎのこでは二十年前から西尾和美先生に来ていただいて、トラウマワークをおこなってきました。トラウマワークは、トラウマをケアすることにつながりますが、それだけではなく、ライフストリーワークのような自分のことを肯定的に知り、受け入れることにつながっていきます。ワークを何回か受けたあと、お母さんたちが変化すること、大人になることを肌で感じていました。

精神科医の話を聞き、トラウマワークは自分を否定することなく、自分のストーリーを認知していく営みでもあるから、自分のことを客観視したり考え方を知り、行動を変えていくことにつながっていることにあらためて気がつきました。

むぎのこの支援が良いとかではなく、普遍的に大切なことは、人は人のなかで自分を知り、安心感を感じ、自分自身で考えたり、感じたり、判断したり、第三者的な立場から客観視する能力であるメタ認知の能力をアップして、自分と自分以外の立場のことを理解することができるということです。でもそれはなかなかむずかしいともいえます。ですから家族支援が大切なのです。

小さなころからの子育ては、障害のあるなしにかかわらず、人との関係や心理的ケアのなかで自分を知り、他者を理解する支援が必要なのだと思います。むぎのこの子どもたちやお母さん、お父さんが、自分を知り他者を理解しようとする大人になってきていることはうれしいですし、その結果サポートする側に立ってくれているみなさんに感謝しています。

まだまだ日本の子育ては厳しい面があります。それは「虐待」する当事者は母親が多いということにも現れています。でも、これからは「虐待」の定義のなかに「サポート・寄り添いが必要な方」と付け加えることも必要ではないでしょうか。それにはもっともっと社会的なアプローチが必要でしょう。

早期からのトラウマにならないための「存在の肯定」「傷つきの予防」「いじめ予防」「SNS相談も視野に入れた早期発見」「性教育」「日本版DBSの導入(注)」「アディクションの治療」「トラウマケア」「カウンセリング」など、さまざまな方面から人が生きやすくなるためのアプローチがもっと必要になってくるでしょう。

子どもたちやお母さんたちを見ていると、安心安全が保障され気持ちを理解され人とつながりがもてると、もっとその人らしくそれぞれが輝けると思います。障害のある子どもも同じです。障害のある子どもの輝きが希望につながると思います。その結果、日本全体ももっと輝ける未来になるのではないかと思います。

(注) イギリスのDBS制度（Disclosure and Barring Service）。子どもに接する仕事に就く人に性犯罪歴がないか確認する制度。

【文献】

朝日新聞（二〇二二）（フロントランナー）星友啓さん「ルールを作る力を学ぶための哲学を必修に」七月二日付
コトノネ生活（二〇二三）『コトノネ』Vol. 46、二七頁
厚生労働省（二〇一八）保育所保育指針解説

第五章　むぎのこの支援体系
――子どもとその家族をチームで支える

一　発達支援の系譜

筆者が一九九四年に麦の子会（当時、麦の子学園）のパートとして雇用されたときには、すでにむぎのこの療育の仕組みはほぼ完成され、子どもにとって大切な支援がおこなわれていました。

それは北川聡子理事長が大学生のうちから全国で自主実習をして、一九八三年に無認可で麦の子学園を開設されてからも働きながら、リズム、わらべ歌、絵本の読み聞かせ、感覚統合、保育など子どもの発達にとって大切なことを学び、支援の内容を確立していました。

毎日の日課は子どもたちも大人も手をつないで丸くなり、立てない子は抱っこで、わらべ歌「うっつけうっつけ」ではじまります。

「うっつけ、うっつけ、うしのこ、ねむれ、ねむれ、ねこのこ、おきれ、おきれ、おにのこ」

を二回繰り返します。なんだか今日もいいことがありそうな感じです。

以下はむぎのこの日課です。

・うつけうつつけ：はじまりのあいさつのわらべ歌
・朝の会：手遊び、わらべ歌、絵本の読み聞かせ
・リズム
・戸外遊び：公園、山登り、海水浴
・昼食：お弁当、週一回お母さんのボランティアによる給食
・帰りの会

このように、自然に触れる、音楽、リズムなどの活動と支援が活発におこなわれていました。

麦の子会がまだ無認可時代の当時、札幌市では三歳児健診で「様子を見ましょう」となり、その後しばらくしてから四歳近くに通園施設に来園する子どもが多く、感覚過敏や常同行動が強くなっている印象を受けました。

筆者は麦の子学園に就職するまでは、自閉症の子どもに会ったことはありませんでしたが、若いころ新生児室で看護師として働き、当たり前のことではありますが、一人ひとり人格が感じられ、生まれたてなのにこんなにも泣き方、ミルクの飲み方、手足の動き方が違うのかと驚いたものでした。

その後、乳児保育園で働き発達を学びました。発達の観点から自閉症の子どもたちを見たときに、次のような考えが浮かびました。

①手のひらをヒラヒラさせる、手をパチパチ叩く、口に手を入れるなどの常同行動は、三か月から八か月の赤ちゃんが自分の手や足との感覚がなく、目に入った自分の手や足をつかんだり口に入れている状態が、おもちゃで遊んだり大人とゆっくり目を合わせて関係をもつことが少ないために習慣化したものではないか（異食も同様）。

②睡眠障害も睡眠リズムができていない、だから生活リズムも当然できないであろう。

③乳児は食事にしても新しいものを与えるときは一口ずつからと、新しい刺激を与えるときは慎重に取り組んでいますが、過敏なまま習慣化した。

ではその習慣をどのように変えていけるのだろうか。それは快不快を感じる乳児期初期からのかかわりから、関係性のなかで発達する道筋をたどって発達支援することが必要だと考えました。

その道筋について具体的に例を示します。

快不快の感覚への働きかけとしての心地よさを伝える

生後間もない赤ちゃんは不快なときに、大人のかかわりによって心地よいと感じて感覚が発達します。この時期は刺激に敏感な時期です。大人の地声や強いかかわりによる刺激では、赤ちゃんは不快な感覚となり発達を妨げることになります。

心地よい感覚を与えるためには、乳児保育園で学んだ赤ちゃんに心地よさを伝えることが、新生児のような繊細で敏感さが残っている自閉症の子どもたちにも有効ではないかと考えました。

①あやし：乳児期は話をする人の抑揚に敏感なので少し高めの声で話しかける。

②くすぐり：くすぐることで心地よさを感じるようになる。

③おんぶに抱っこ：子どもは抱かれて人のぬくもりの心地よさを覚える。

④揺らし：揺れることも心地よい。

以上は、わらべ歌や童謡などとともに無認可時代の麦の子学園ですでにおこなわれていました。特にわらべ歌を多く取り入れていました。子どもにとって心地よいものを取り入れていたのです。

自閉症の子どもは、目が合わないなど人に関心がないよう見え、感じていないかのように思われることがありますが、乳児期前半の子どものように、大人の表情にもさらに敏感なので笑顔で、そして大人の不安やマイナスの感情にも敏感なので、リラックスしておこなうことが必要となります。

感覚遊びから道具を使った遊びへの導入——水運び

子どもは水や砂の感触の心地よさを感じると、同時に水や砂に働きかけて変化することに喜びを感じます。これは乳児保育園で二歳前の子どもたちが、バケツを持って砂でつくった山に何度も何度も水場から水を運んできて砂山につくった川に水を流し、流れる水に見入っている姿を見て、子どもにとって繰り返しおこなっていることは大人と違い、運ぶたびに重い荷物を持ったときの歩き方、バケツの使い方が上達して流れる水や砂の変化を感じていることが、子どもたちを飽きさせないのであろうと感動して見ていました。この感動を自閉症の子どもたちにも伝えたいと思ったのでした。

自閉症の子どもは、目の前にある刺激に衝動的にさわったりします。それを目的のある見通しをもって行動するように、砂の山にトンネルのある川をつくりバケツで運んで水を流します。まわりの刺激にとらわれないでトンネルの穴に向かって水を流して、細い川を水が流れるところを職員が指し示し、川の流れを職員と一緒に見るように導きます。

〈水運びの手順〉

①砂山にトンネルと川をつくる。

②砂の山から五メートルほど離れたところに、たらいに水を張り水場を設け職員がひとり立つ。

③ひとりの職員は、子どもと一緒に水をくみ、バケツの取っ手を子どもが持つように介助しながら水を運ぶ。このとき職員は子どもが衝動的に走らないようにコントロールしながら歩くようにリードする。

④砂山の職員は、子どものほうを見て、名前を呼び「こっちだよ」と山のトンネルを指差しして子どもに方向性を示す。そして子どもについている職員とアイコンタクトをとる。
⑤一緒に来た職員は、正しいバケツの持ち方で介助しながら水を流す。そして、流れる方向を指差しして共同注意を促す。やれるように介助してできたら「やれてるよ。いいよ」とほめる。
⑥水場の職員は、方向を返した瞬間をとらえて、見通しをもって水くみ場に向かうことができるように子どもの名前を呼び、子どもについている職員とアイコンタクトをとる。
以上を繰り返します。この場合、水にさわったり山を踏んでくずす衝動的な行動はスッと止めます。それは目的指向性ではないので、やりたかったのにできなかったというより、衝動性なので何事もなかったように進めます。衝動性を制御することにもなります。繰り返し日々おこなうことで、バケツを持って水を運んで流せるようになると道具を使えるようになっていきます。

滑り台・ターザンロープなどの遊具で遊ぶ

自閉症の子どもは目がとらえた方向に行きます。しかし、それは衝動的に動いているだけで楽しめるようになっていません。それを見通しをもって遊具で楽しむために要所要所に職員が立ち、注意が職員に向かうようにして注意を受け入れた職員は次の方向を示します。水運びでも滑り台でも大人に向かって行くように促します。このように職員が協力して立つことを二点間と呼んでいます。

〈滑り台の手順〉

①職員が滑り台の階段の下と滑り台の上、滑り台のゴール地点に立つ。

②滑り台の階段下の職員は、手すりを持って順番に足を運ぶように介助する。滑り台の上の職員は、見通しをもって登るように名前を呼び手を差し伸べる。このとき、職員同士アイコンタクトをとる。

③台に立ったらゆっくり座るように介助する。

④ゴールで待っている職員は、名前を呼んで手を振って合図する。職員同士アイコンタクトをとる。

職員は、子どもがゴールしてきたときにタイミングよくほめ、次の子どもの動きを読むようにする。子どもが衝動的に階段下ではない方向に行こうとした場合、素早く階段下に向かうようにサッと肩を持ち階段下のほうに体を向けます。そのとき、タイミングよく階段下の職員は、名前を呼んで、「こっちだよ」と手を差し伸べます。職員同士アイコンタクトをとって進めます。

衝動性の強い子どもは抱いて階段を登り抱いたまま滑ります。ゴールしたときには、下にいた職員が、子どもを抱いてふたりの職員でほめます。

次はターザンロープです。

過敏なためなのか、ロープを握ることができない自閉症の子どもは多くいます。手が物をつかめるようになることで生活の幅が広がります。ターザンロープは風を切って進むことが心地よく、慣れてくると誰でも楽しめるようになります。

〈ターザンロープの手順〉

①ゴールに職員が立つ。

②スタート台に立つ職員は、スタートするときにロープを握るように手で支えロープをまたぐように介助する。

③その子に合わせて介助しながらターザンロープに乗せ一緒に走る。ゴールの職員は、名前を呼ぶ。このとき介助している職員とゴールの職員はアイコンタクトをとる。

④子どもがゴールしたらゴールの職員は抱いてほめる。

衝動性の強い子どもは抱いてスタートの台に向かい、スタートの職員に抱っこを交代する。

むずかしい子どもは一回からはじめ、翌日三回、五回と回数を増やしていき、楽しめるようになるまで繰り返しおこないます。こうして、新生児の快不快から乳児期前半の大人とかかわることの心地よさを伝えます。

「抱く・名前を呼ぶ・ほめる」ことの大切さ

人間は学習する存在です。衝動性があると学習する機会ができないまま年齢を重ねてしまいます。抱かれて大人と活動を一緒におこなうこと、少し離れたところ、見通しがもてるところから名前を呼ばれることにより、自分以外の他者を認識するようになり、二者関係につながっていき、共同注意が促されていきます。そして、子どもはほめられることにより達成感をもてるようになり、これがいい状態であることの認識をもつようになります。

まりやボールでのやりとり遊び

通常十か月になると座位が安定して手遊びの模倣ができるようになります。また、おもちゃを持っているときに大人がちょうだいと手を出すと、手のひらにおもちゃを載せてくれるなどやりとりができるようになります。

衝動性のある子どもが、少し目が合うようになったり、抱かれることの心地よさを感じるようになってきたときに、やりとり遊びに取り組みます。はじめは抱かれて、徐々にひとりでイスに座って、わらべ歌に合わせてまりのやりとり遊びをおこないます。

こんな感じです。

「あんたがたどこさ・　ひごさ・　ひごどこさ・　くまもとさ・　くまもとどこさ・　せんばさ・　せんば山にはたぬきがおってさ・　それをりょうしがてっぽうでうってさ・　にてさ・　やいてさ・　くって

さ　それを木の葉でちょいとかぶせ」（あんたがたどこさ）

さのところで隣にまりを渡して、かぶせで最後になります。そしてまた繰り返します。

イスに座り続けられるようになっている状態は骨盤が安定している必要がありますが、衝動性のある子どもは骨盤が安定していない場合が多く、座位を保持することがむずかしい場合がよくあります。抱いて座っている大人に全身をゆだねるようになると、安定して座るようになっていきます。安定してイスに座るようになると首も安定してくるので、目で長時間にわたり物や人を見ることができるようになっていきます。そして、やりとり遊びを楽しむようになっていきます。

歩く

衝動性のある子どもは、全身のバランスが良くないので立位が安定せず歩行も安定しません。ひとりではまっすぐ歩けません。大人がひとりで手をつないでバランスがとれない場合は、ふたりの大人が両手をつないでバランスをとるように子どもの歩調に合わせて歩きます。

挑戦への励まし

幼児期の子どもは「やってみたい」、「やろう」、「できた」の積み重ねで、挑戦しながら育っていきますが、挑戦がむずかしい子どもがいます。子どもを見てきたなかで、自分から挑戦をしようとしない子どもにも、やってみたら楽しくできるようになった体験をさせたい、その思いで進めてきました。挑戦を尻込みする子どもにはやらせようとするのではなく、子どもの不安な気持ちを感じて、大人がその気持ちに近づいて一体感をもって取り組みます。その際、子どもの発達と心情をとらえる必要があります。たとえばロープを握るにしても握る力がついていないのか、過敏のためにロープをさわれないのか、あるいは初めてのことで不安が強く取り組めないのか。新しいものに触れたりができなくてターザンロープのロープを握ろうとしない子どもには、子どもが友だちのやっている姿を見て関心をもっている様子をキャッチしてタイミングよくはじめます。一回からはじめ、できたことをその場にいる職員みんなでほめます。ほめることでできたことの実感を伝えます。ここでロープから子どもが手を離しても職員がそのまま行ってしまったら成功体験になりません。失敗体験になってしまいます。失敗体験をしてしまうと次への挑戦がとてもむずかしくなります。それで必ず成功体験ができるという職員側に自信のあるときに取り組む必要があります。そして一回、三回、五回、七回、十回と日々成功体験を積み重ね、楽しめるようになるまで続けます。そしてほとんどの子どもはターザンロープが好きになっていきます。ほかにも一つひとつ遊びの体験を増やしていき、挑戦することのわくわく感や「できた！」、「やれた！」の達成感を共有し、子どもが自ら挑戦しようとする芽を育んでいきます。

以上のことは職員の支援だけでは成功しません。お母さんたちにもあたたかいまなざしで肯定的にかかわることのひとつとして、挑戦するときの子どもの葛藤に根気よく付き合うことの大切さを伝えていきます。挑戦への支援はひとりの職員だけでは成り立ちません。お母さんも含めてチームで、「いいよ!」、「やれてるよ!」、「それでいいんだよ!」と声に出したり、心で思ったり、子どもを励まし続けます。挑戦への励ましは現在は園全体で共有できるむぎのこの文化になってきたと思います。

二　親と子の支援から子どもの自立へ

定型発達では乳児期前半の三か月ころには首が座り、目と手の協応ができるようになりますが、衝動性があるために、目と手の協応もむずかしい子どもがいます。このような子どもたちが、日々の療育のなかで乳児期前半からのかかわりに取り組むことで、大人と一緒にいることが心地よい、楽しいと感じるようになっていきます。そして大人とのやりとりが楽しいと実感するようになると乳児期後半の遊具、道具を使って遊べるようになっていきます。

このように乳児期の発達から学び、むぎのこの支援をおこなうにあたり、母子との関係で二者関係をつくっていくことが大切ではないかと考え、麦の子会が認可される一年前（一九九五年）から母子通園をはじめました。

〈母子通園のなかで大事にしたこと〉
①お母さんと一緒に楽しい遊びに取り組む。
②抱くことがむずかしい子どもには、お母さんに向かっていって抱いてもらう遊びを多く取り入れて、自然とお母さんが抱くようにする。

このようにして、母子通園によって大人のぬくもりを子どもが感じ取れるよう導くようにしました。そして二項関係から三項関係へ共同注意を促す取り組みをおこなってきました。

田中陽太さん

麦の子会として認可される一年半前に入園した田中陽太さんは四歳直前で登園を開始しました。登園当初は体重が二十キログラム近くあり、多動でものに突進していました。職員が抱こうとすると突き飛ばされるような感じでした。とにかく移動時は抱いて過ごしました。そのなかで職員に抱かされるようになり、職員のそばにいることが増え模倣するようになりました。半年後に親との関係性をつくっていくことの重要性を職員間で話し合い、園の体制として母子通園をはじめました。陽太さんはお母さんのそばにいることがなく、目についたところへ行ってしまうことが多かったのですが、職員とお母さんと陽太さんと三人で行動することにしたところ、数か月でお母さんのそばにいくようになり、お母さんの真似ができるようになりました。

それから、ほかの子に叩かれたとき大きな声で涙を流して泣いていましたが、お母さんに抱かれて泣き止んだので、このようにお母さんが陽太さんにとって安心できる存在になったことは、母子通園の成果だと筆者は思ったのですが、お母さんにわかるように伝えることができませんでした。つらいこと、悲しいことがあったらお母さんに抱いてもらい安心する。この乳幼児期前半のかかわりを四歳になった陽太さんにもおこなう必要があると確信がもてなかったので、お母さんやほかの人にはっきりと説明できなかったのです。

ただ、この幼児期に大人との関係性を良くしていこうという試みのなかで、大人への信頼が陽太さんに芽生え、その後の陽太さんの人生の基盤になったことは確かだと思います。

陽太さんは小学校は地域の普通学級に在籍し、むぎのこのお父さんやお母さんが立ち上げたフリースクールで過ごしました。小学校三年生からは学校に母子通園して五、六年生は担任の先生の協力もあり単独で普通学級に通いました。中学校も普通学級でした。また、小学校三年生から高校卒業まで塾に通いました。中学を卒業するとほかの同級生と一緒にグループホームに住み、高校は定時制高校に通い、日中は知的障害者通所更生施設ジャンプレッツに通いました。ジャンプレッツではペンキ塗りや除雪、畑の作業とフラダンスや登山、スキーなどの活動をおこない、高校の試験が近くなるとほかの高校生と一緒に支援員に教えてもらいながら毎日勉強をしました。暴力的になったときは停学にもなりましたが、何回も再試験を受けながら無事に卒業しました。高校時代は支援員と活動や勉強に思い切り挑戦したといえるでしょう。

現在では自分の楽しみをもって自立した生活をしています。

木田翔平さん

木田翔平さんは四歳を過ぎてから麦の子会が認可される一年前（一九九五年）に北川理事長と筆者ではじめた週一回の母子通園のグループに通ってきました。他害があり、つま先で歩き、無表情で言葉はありませんでした。新しいことにはほとんど挑戦がむずかしく、攻撃的になり取り組むことがむずかしかったので、何事も一回からはじめて体験するようにこころがけました。年長になってからは認可されたむぎのこに毎日、母子通園と単独通園の組み合わせで通っていました。年長からはオウム返しの言葉は出てきましたが他害は続きました。

前々書『子育ての村ができた！　発達支援、家族支援、共に生きるために』にも載っていますが、十歳のときに他害がひどくなり、お母さんも家で頭突きされ限界になっていたところ、北川理事長が二泊自宅で預かったときに、翔平さんは「助かった！」とつぶやきました。思わず内心が出た瞬間だったのでしょう。それまでオウム返しはありましたが、自分から言葉を発することはありませんでした。このとき、言葉のないと思われている自閉症の人も本心の言葉をもっていること、そして、言葉とは記号ではない心と心の交流のためのものであり、それは人が共に生きるための原点であると確信しました。それは親子で張り詰めていた感情が親子ともども北川理事長にやさしく受け止められて、ホッとしたことから出た真の言葉だったと思います。

その後、翔平さんは心情を表現する言葉はなく、しばらく三語文で過ごしていました。小学時代は普通学級に在籍し、フリースクールで過ごしていました。中学校は特別支援学級に通いましたが、他害がありひとりで図書室で過ごすことも多かったようです。翔平さんもサイパン、ハワイとフリースクールの小学・中学の修学旅行に参加しました。ハワイでバナナボートに乗ったときのことですが、添乗員さんが翔平さんを重度の自閉症の子どもとは思わないで急にバナナボートを揺らしたときにみんな海に落ちてしまいました。そのとき大人はあわてて子どもたちが死ぬかもしれないと思ったその瞬間、翔平さんの悠々と泳いでいる姿がありました。翔平さんの底力を感じたと北川理事長は語っていました。当時の親たちのことを麦の子会ではフロンティアグループと呼んでいます。子どもたちを楽しませてあげようと北川理事長と道なき道を歩み挑戦し続けていました。

高校は特別支援学校に進みました。田中陽太さんたち同級生が知的障害者通所更生施設ジャンプレッツに通って生き生きしている姿を見て、一年生終了後退学して翔平さんはジャンプレッツに移りました。一年前まであれほど一緒に活動していたのに、特別支援学校からジャンプレッツに通うようになってからはグループに近づかないで離れて様子を見るようになり、グループに参加するようになるまで半年以上かかりました。このとき筆者は重度の自閉症であっても思春期における仲間とのグループでの活動は必要であり、人と一緒にいることと場を共有することはかけがいのないものであると思いました。それで、翔平さんもグループホームに入りました。

その後、他害は減っていきましたが抜毛が増えていきました。挨拶は自分からすることはありませんでした。ところが二十歳の誕生日に自分から筆者に「おはよう」と声をかけてきたのです。人とのやりとりにメールや電話ができたら生活の幅が広がるのではないかと思い、お母さんから翔平さんの誕生日のお祝いに携帯電話をプレゼントすることを勧めました。お母さんは、「翔平が使いこなせるわけがない」とためらっていましたが、プレゼントしてくれました。

それから毎週日曜日に翔平さんから筆者にメールが来るようになりました。「こんばんは翔平です。今日はセイコーマート（コンビニ）に行きました。ジュースとチョコレートを買いました」のようなメールが十年間続きましたが、三十一歳の誕生日の前くらいからは内容が変わってきました。「こんばんは翔平です。工賃もらいました。ヘルパーさんと買い物行くのが楽しみです」。「こんばんは翔平です。工賃たくさんもらいました。二十五日誕生日でした。たくさん食べました。うれしかったです」。メールのなかに〝楽しい〟〝うれしい〟〝すっきり〟〝怖い〟など心情が書かれるようになってきました。そして、笑顔になることが増えてきました。また、工賃をもらうことにより好きなものが買えること、労働により工賃がもらえることの因果関係がわかってきたようでした。

十年間、日曜日にお母さんに見てもらいながら筆者にメールしていたのですが、先日、平日にメールが届きました。「こんばんは、今日はジンギスカンです。明日から夏休みです。じいちゃんばあちゃんの家に行きます。夏休みはケンタッキー食べたいです。おやすみなさーい♪

翔平です」。これはグループホームの支援員さんに「メールしたい」と伝え見てもらいながらメールを打ったとのことでした。十一年目にしてお母さん以外の人に見てもらいながらできました。自立への道は人に助けを求めること、お願いができることからとの思いから支援をおこなってきました。今までの翔平さんの歩みのなかで、北川理事長に助けられ、「助かった！」との思いが原点にあって、その後の生活の積み重ねから支援員さんに助けを求めてメールを打つことができたのではないでしょうか。北川理事長の利用者さんを助けたいとの思いが支援員さんへとつながったといえると思います。ですから、翔平さんを通して子どもや利用者さんや家族が助けを求めるようになるためには、まず子どもや利用者さん、家族が助けられている実感がもてるように助けることが支援者側に求められているとの思いにいたりました。

翔平さんが通っている生活介護事業で毎週木曜日にプールに行っているのですが、その日は職員の欠席が多く行くことがむずかしくなりました。職員から「申し訳ない。行けなくなりました」と伝えたところ、大声で「大っきらい！」と言って、トイレに行って落ち着いたとのことでした。過去に受け入れがたいことがあると他害や抜毛をしていた翔平さんでしたが、言葉で感情を相手に伝えることができるようになってきました。アンガーマネージメントとしてその場から離れて落ち着くスキルを活動で取り組んでいるのですが、感情的になったときにトイレに行って落ち着けるようになっていきました。コントロールができないときに、親や支援者に受け止めてもらって肯定されてきたことの積み重ねによって、コントロールする力がついていくと思います。

①受け入れがたいことを言われる
↓
②感情的に言語で相手に伝える
↓
③落ち着く

このように人との関係もつながってきたのでしょう。翔平さんは助けを求めること、自分の気持ちを伝えること、落ち着くことが少しずつ身についていきたのでした。

発達支援は、子どもとその家族の困り感に寄り添ってこそ実現できるのです。また、翔平さんのお母さんは現在はジャンプレッツで事務員として働き、麦の子会の法人としてなくてはならない能力のある方ですが、いつもこっそり隅っこにいるような人でした。翔平さんのお母さんをおしゃべりにすることはかなりむずかしいことでした。「母子家庭自助」「重度の子どもの親の自助」「アルコールの自助」「DV自助」といくつも自助グループに入り自分のことを話すことを勧めました。昨年からは里親になり「里親自助」にも入り、ほかの里親さんたちと休日は子どものために集い、人生第二の子育てを進めています。翔平さんも笑顔が増えましたが、お母さんも笑顔が増えました。地域で共に生きているからこその笑顔でしょう。田中陽太さん、木田翔平さんたちから、「健常者」「障害者」と括るのではなく、どんな人にも楽しめる生活があることが大切であることを学ばされました。

佐々木巧さん

佐々木巧さんは現在二十三歳です。四歳の誕生日を迎える直前に入園しました。認知能力はふつうで、言葉はありましたが、目についたものに突進するので一時も目が離せない状況でした。生後六か月ぐらいで立つようになり、危ないのでお母さんはおぶって家事をしていましたが、さわったものをつかむのでおんぶでも気を許せなかったそうです。目を離したすきに二十センチくらいの台に立って転び脳挫傷になり、手術をして九死に一生を得ました。成人してから主治医に感謝の訪問をしてきたとのことです。

衝動性が強いために男性職員が二か月くらい一対一でつきました。

朝の会は膝に抱いて参加。リズムもはじめは抱いて参加、少しずつ手つなぎで参加する。移動のときは抱き、遊具で遊ぶときは二点間でおこない、安全で広いところでは思い切り走るまにして、職員は巧さんより速く走り五十センチメートル以上離れないようにする。そして、子どもの行動はすべて子どもにとって必要なことをやっているのでそのまま受け入れ、否定語を使わないでやさしくする。以上の方針を立てました。

職員は巧さんより「大きく、強く、速く」が合言葉でした。当時のクラスリーダーの鈴木久也児童指導員は、毎日汗をかきながら必死に取り組み、担当職員は方針に忠実に巧さんにかかわってくれました。衝動性はありましたが二か月くらいでかなり落ち着き、職員が一対一でつかなくてもクラスで活動できるようになっていきました。

最近、年長さんのときの生活発表会での劇『森は生きている』のビデオを見る機会がありました。兵隊の役ではじめは落ち着いて参加していましたが、後半は隣の子とふざけたり、手を振ったりじっとしていませんでした。しかし内容をつかんでおり、楽しんでいる様子があり、子どもらしい笑顔もありました。仲間と楽しむ第一歩だったといえるかもしれません。

このように育った巧さんは小学校は普通学級へ進み、午後は放課後等デイサービスに通いました。一、二年生のときは学校には行きたがらないことが多く、お母さんが学校まで送っていました。学校では中学生までほとんど話しませんでしたが、放課後等デイサービスでは多弁すぎるほどおしゃべりでした。放課後等デイサービスの子どもたちもほとんどが幼児期から一緒の子どもたちで、トラブルがあっても職員が間に入り、根気よく双方の気持の代弁をすることにより、放課後等デイサービスが子ども同士の安心で安全な居場所となりました。土曜日はお母さんたちと一緒に近郊の自然のなかに出かけたり、長期休みは、登山、木こり体験、キャンプ、酪農体験（山梨）をしたり、グアム、アメリカのカリフォルニアではヨセミテなどに行き体験を広げました。そして、北星学園余市高校へと進学しました。高校には放課後等デイサービスの友だちが多かったこともあり、かなり自然体で過ごすことができ、高校生活を楽しんでいました。

巧さんが高校に入学した年に麦の子会は高校生も利用できるように、十八時から二十一時まで利用できる放課後等デイサービスのブラックベリーを開設しました。そこには高校で離ればなれになった友だちも集まり勉強もしましたが、何よりも気心の知れた仲間とのつながりで安心できる場所となりました。長期休暇には、秋田に拠点を置く民族伝統を基盤とする劇団わらび座の演劇鑑賞、農業体験（秋田）、キャンプ、ＣＳＰ（コモンセンスペアレンティング）研修会参加など、社会スキルを学んでからホームレス支援のスタディツアーで北九州（抱僕館）にも行きました。時にはお母さんと一緒に活動して、時には職員とともに活動、そして、高校の卒業旅行は子どもたちだけでおこないました。

高校時代に巧さんをはじめ子どもたちとお母さんたちとでグループカウンセリングをおこない、子どものほうから日頃お母さんに思っていることを伝えました。「口うるさい、いらないことを言うのはやめてほしい」、「居間をきれいにしてほしい」など、親にとって耳が痛い内容でしたが、お母さんたちは笑顔で聞くことができました。一対一だとそうはいきませんが、グループで言われることにより、少し余裕をもって話が聞けたようでした。高校時代も親に支えられながら育ち、大人への移行支援となることをお母さんと職員は一緒に学び実践していました。

巧さんは高校の成績はある程度良かったので大学は合格しましたが、大学の教室に入ることがむずかしかったために辞めました。また次の年も違う大学に受かったのですが、その大学の教室にも入れなかったために休学することにしました。その間は高校まで利用していた放課後等デイサービスのアルバイトをして過ごしました。翌年、その大学も辞め、麦の子会の採用試験を受け就職しました。今は午後から出勤して放課後等デイサービスで小学生を担当して、衝動性のあるむずかしい子どもに根気強くやさしくかかわっています。そして、夕方からは中学生、高校生を担当して勉強を教えて、子どもの表情が悪いと感じた場合は、それとなく聞き役になって悩みを聞いて励ましてくれています。高校を卒業してからは仲間とシェアハウスで過ごしました。そこはみんながたびたび集まって気が置けない仲間と過ごせる居場所でした。時どきおじゃますると、仲間のなかで屈託のない会話が飛び交っているにぎやかな若者らしい姿がありました。

二〇二〇年からはシェアハウスの仲間はみんな大学を卒業して麦の子会に就職したこともあり、それぞれ一人暮らしをはじめ、巧さんも一人暮らしで自立した暮らしをしています。

こうして佐々木巧さんを通して幼児期から社会人として自立するまでをみてみると、大学を二校も合格したけれど通うことはできなくなったり、けっして平坦な道ではなく、むしろ大変な険しい道だったといえるでしょう。しかし、そんなことがあっても現在明るく働けているのはなぜなのかを振り返ってみると、以下のことが考えられます。

①幼児期の衝動性のある子どもへの発達支援としての専門的療育と子どもを否定しないでそのまま受け入れる支援があった。

②親支援による幼児期の大人への信頼関係をつくる土台づくりがあった。

③学童期に親に見守られながら仲間づくりの支援があった。
④中学時代は学習支援と親に支えられながら仲間との活動をしたこと。
⑤高校時代は大人に支えられながら仲間と共に活動。親と距離をとりながら親に意見が言え、ほかの人にも自分の意見が言えるようになったこと。
⑥高校を卒業してからも、それぞれのそのままを受け入れ合う気心の知れた仲間同士が集い社会人になったこと。
⑦社会人としてそれぞれが躓《つまず》いたときは仲間のなかで励まし合って乗り越える力をつけ、自立した生活へと歩みだしたこと。

田中陽太さん、木田翔平さん、佐々木巧さんの育ちを通して言えることは、「どんな子どもにもその子の未来がある」ということです。障害があるとその子の未来は閉ざされたかのように思われがちですが、それは社会が歓迎してくれていないからです。私たちはどんな子どもも歓迎します。どんな人も「生まれてきて良かった」と実感できるように支援することが、私たちには求められています。お母さんもまた「自分が生まれてきて良かった」、「この子を産んで良かった」と思えるような日々を送れるように支援することが大切になります。お母さんが自分を肯定することにより、子どもを受け入れ、肯定できるようになるのです。

北川理事長が巧さんのお母さんへのカウンセリングをおこなうことにより、お母さんがひとりの人間としてDV被害から逃れ自立していったことは大きなことでした。DVを受けていると感覚が麻痺して、自分が子どもを不適切に扱っていることも見えなくなります。また、お母さんたちも仲間とつながり助け合うなかで、子どもも大人のなかでの安心感・安全感が育ち、仲間との信頼関係が育っていきます。そういう意味でもグループカウンセリングや親同士のショッピング、ガーデニングなどの癒しや自助グループ（ピアカウンセリング）が大切です。

以前はどうも相性が悪くて話が合わなくて避けていた人もいたけれど、今は自分も麦の子会で働いて視野が広くなり、話が聞けるようになったとお互いに笑って話しているお母さんも少なからずいます。たしかに、ひとりで家にいて、好きなタイプの人としか付き合わなければトラブルは少ないでしょうが、問題があるのが子育てです。それを助けられて子育てするから子どもも社会性が育つことを、麦の子会での子育てを通して私も学んできました。

お父さんやお母さんも必死の育児で疲労困憊していることも多いので、カウンセリングで悩みや困難を傾聴したり、ヘルパー、ショートステイなどの家族支援は非常に大切です。麦の子会にショートステイができたのは二〇〇六年、巧さんが七歳のときです。当時はショートステイがないので職員の家庭でみなければならない状況でした。現在は幼児もショートステイでみることができるので、家庭の負担はかなり軽減していると思います。

ですから、発達支援には家族支援が欠かせないということになります。家族と切り離して子どもの発達はありえません。そして、お母さんたちがひとりの人間として自立し、仲間のなかで助け合い子育てできるようになると、子どもに安心感が育ち、子どももまた自立していくのです。このような子育ての循環がおこなわれるようになり、むぎのこの子育て文化ができてきました。

以上の話は、前々書でも触れられていますので、ぜひ合わせて読んでいただけるといいと思います。

三　札幌市みかほ整肢園の取り組み

二〇二〇年四月から麦の子会が医療型児童発達支援センター札幌市みかほ整肢園の指定管理を札幌市から受けることになり、筆者が園長として赴任しました。札幌市からの引継ぎとしては保護者の方が不安にならないように、札幌市のやり方を学んでできるだけ運営や療育を今までどおりにしてくださいとのことでしたので、しばらくは発達の考え方を発表しませんでした。

しかし、二〇二一年二月の札幌市と町内会、保護者とみかほ整肢園との四者による第三回運営協議会（年四回指定管理者として運営協議会をおこなう義務があります）で、みかほ整肢園での保育で大切にしたいことを打ち出しました。保護者に子どもの発達にとって遊びは大切との子育ての考え方を示すことにより、サービスを利用するだけではなく、保護者がみかほ整肢園の職員と共に子育てをするという趣旨でした。以下は運営協議会で示した内容です。

●みかほ整肢園の保育で大切にしたいこと

子ども時代は生活リズムを整えることが大切です。朝決まった時間に起きて、朝食を食べて、日中思い切り活動して、夜も同じ時間に眠ることで生活リズムはつくられていきます。生活リズムを整えるためにも、みかほ整肢園での保育は大切な役割があります。

睡眠と覚醒

①睡眠と覚醒のリズムができていない子どもには、睡眠ができるように抱いて眠るように援助します。
②覚醒しているときは活動的に取り組むように働きかけ、覚醒の持続を促します。
③単独では抱っこし、マッサージをして一人ひとりの特性に合わせて、睡眠を導入するように支援します。

快・不快に対する支援

泣いている場合は揺らしながら抱かれる心地よさを伝えます。抱いて遊びに参加して快の状態のときが多くなるように抱き方も工夫します。ひとりの職員の負担にならないようにチームでおこないます。

食事

子どもに合った給食を用意します。

①子どもの成長や嚥下状態に合わせた給食を保護者と話し合いながら進めていきます。

②家庭では食べられても、みかほ（整肢園）で食べることができない場合は、ポークビッツや玉子焼きなど、食べられるものを用意します。

遊び——子どもは遊びを通して発達する

子どもは遊びのなかで大人にほめられて達成感をもち、またやってみようと意欲が引き出されます。繰り返し遊び、感動し楽しんで取り組み、ほめられて達成感をもつことで、意欲的になり挑戦しようとする心が育ちます。

①ふれあい遊び

ゼロ歳から三歳の乳幼児期は大人とのふれあい遊びが大切です。

「抱く」「揺する」「くすぐる」「あやす（機嫌をとる、かわいがる）」の遊び、わらべ歌、抱っこでの遊び、毛布ブランコなど子どもが心地よいと感じるように大人がかかわることで触覚、視覚、聴覚が発達します。

②園庭、散歩、公園の戸外遊び

ア　風やおひさまなど自然に触れて触覚、視覚、聴覚が発達します。

イ　日光浴はビタミンDが体内でつくられカルシウムの吸収を助け骨の生成に必要です。毎日十分以上は日光に当たる必要があります（夏は熱中症に気をつけて木陰で過ごしたり水分補給をおこないます）。

③製作遊び

感覚遊びから道具を使った遊びに導きます。そして子どもが表現することの喜びを大人と共感できるように職員と一緒に取り組みます。

ア　ゼロ歳から三歳までの乳幼児は手で葉っぱや粘土、絵具、のり、水、砂などをさわったり、つかんだり感覚遊びを工夫します。

イ　三歳からは手と道具を使って製作していきます。

ウ　年長はぞうきんつくり、お面つくりなど製作に日数がかかるものにも挑戦して、見通しをもって取り組むように働きかけます。

④リズム遊び

自然界での生物はすべてリズム（律動）をもっています。乳幼児もリズムをもっており、ピアノのリズムに合わせて体を揺すり動かしていくことでリズム感覚を養い発達を促します。

金魚：臥位での運動。床にあおむけ、またはうつぶせになって体を左右にくねくねさせる運動です。

お舟：座位での運動。大人と向き合って手をつないだり、抱っこで舟をこぐように体を動かします。座位がとれるようになると大人の介助で友だちとおこないます。
小鳥のお話：立位と輪になる運動。みんなで輪になって片膝をついてしゃがみ、両手は口の前に合わせてくちばしをかたどり、小鳥のようにお話をする動作をおこないます。
糸車：輪になって回る運動。みんなで手をつないだり抱っこで輪になって横に進んだり前に進んだり、ジャンプをする動きです。みんなで一緒に回ることで友だちと一体感が生まれます（社会参加の芽生えが促されます）。

⑤運動機能を高め、ひとりで大人にやってもらう遊びから友だちと一緒に楽しむ遊び

・「ぞうくんの散歩」や布そり遊びは、座位をとれるように補助具や介助をしながら大人にやってもらって遊び、だんだんバランスがとれるようになると座位がとれるようになり、友だちと一緒に布に乗って楽しめるようになります。

・「おおかみさんいまなんじ？」は、抱っこしながら、歩けるようになった子どもは歩き、走れるようになった子どもは走り、車イス、ＳＲＣウォーカー（子ども用座付歩行器）、プロンボードなどを利用して取り組み、みんなではしゃいで遊びます。

⑥大人の躍動感のある姿を感じて気持ちが高揚する遊び

・「たけのこ一本ちょうだいな」は、大人が躍動感をもって子どもを引いたり、くすぐったりしてかかわることで、子どもたちはわくわく感を共有して気持ちが高揚します。

作業

年長になると自立への第一歩として、身の回りをきれいにしようとしたり、まわりに働きかける作業に取り組みます。

ア　花の水やり。

イ　Ｍｙぞうきんをつくりテーブルなどを拭く。

お母さんとの関係、友だちとの関係——安全基地、安心基地、探索基地

お母さんが安全で安心でき、発見したことを伝えたい存在として、親子の信頼関係ができるように援助していきます。親子の基本的信頼関係を土台に友だちに関心を向けるように導きます。

協力し合って子育てを

クラス懇談、個別懇談、ＣＳＰ（コモンセンスペアレンティング）、親子発達支援、子育て講座、親の会への参加を通して共に学びパートナーシップで共に子育てしていきます。

以上の取り組みのなかで三年半が経ち、子どもたちが生活を楽しむ様子が見られるようになってきました。また、家族支援としてヘルパーやショートステイなどを利用する家族が増え、

家族の困り感に対する支援が広がり、家族と職員の関係がサービスの利用者と提供する側との関係から共に子育てを分かち合う関係へとみかほ整肢園は変化しつつあります。

子育ては家族だけでは困難で、重症心身障害児や医療的ケアの必要な子どもにはより多くの大人の手が必要です。

大人がいつもそばにいることで、重度と思われている子どもも職員の笑顔での声かけには笑顔で返すようになったり、全身を振り絞って「ウーン」と声を出して返事をしたり、首を横に振って「ノー」を示してくれます。その繊細な表現を見逃さずに読み取りながらコミュニケーションをとっていくと、子どもが感覚的にわかってくれる人ととらえるようになり、その大人に徐々に伝えようとします。みかほ整肢園での取り組みを通して、大人にやさしく受け止めてもらい安心できる環境のなかで楽しい毎日を送ることが、子どもにとってどんなにかけがいのないものかと思いいたりました。

●名前を呼ぶ

みかほ整肢園ではクラス担任はふたりですが、そのほかに看護師、相談員、心理士、理学療法士（ＰＴ）、作業療法士（ＯＴ）、言語聴覚士（ＳＴ）と多職種で支援しています。

ひとりの子どもが登園してくると多くの職員が「〇〇ちゃん、おはよう！」と次から次と声をかけます。子どもからすると、一日何回も名前を呼ばれます。重症心身障害児でも呼ばれたとき、目を見開いたり、手を挙げたりして答えてくれます。みんなのなかで名前を呼ばれ、はっきり自分に声をかけられていると、その表情から子どもの気持ちを読み取ることができます。

名前は個性にあふれています。ですから名前を呼ぶとき、抑揚をつけて呼びます。名前は私たちにとってただの名称ではない、その人の人格の一部です。やさしく名前を呼ばれると気分が良くなったりします。名前を呼ぶことは人格の形成に大切だと思うようになりました。「○○ちゃん、よくできているよ」、「○○ちゃん、こっち向いてくれたね。ありがとう」、「○○くん、さんぽに行こうね」、「○○くん、おいしい?」、「○○くん、風がきもちいいね」等など。家のなかに親子で過ごしていたら、こんなに名前を呼ばれることはないでしょう。

みかほ整肢園では今日も、「○○ちゃん、おはよう。よく来てくれたね。会えてうれしいよ」との言葉があふれます。

●訓練ではなく、個性を育む支援

「障害が重くても、あなたはあなたのままでいいんだよ」、「そのままですてきだよ」、「あなたのできないところは、手を差し伸べるからね」、「ひとりの大人で支えられないところは、大人が協力して支えるよ」。

みかほ整肢園で子どもたちと真摯に向き合うリハビリのスタッフに出会い、訓練ではなくて、子どもの体が硬くならずに成長できるよう、子ども一人ひとりに合ったリハビリは重症心身障害の子どもたちには大切との認識を新たにもつことができました。

そして、楽しい遊びを体験できるように職員がチームで協力し合い、お母さんたちのあたたかいまなざしによって、「あなたたちは大事な子どもだよ」とのメッセージが子どもに届く。そのような日々の積み重ねで子どもの感性が培われ、個性豊かな子どもが育つことを確信して取り組んできました。

ある日、給食の時間の前に自力ではほとんど動けない、言葉のないソウくんに「食べさせる人、小川先生がいいかな?」と声をかけると、首を思い切り横に振って嫌そうな顔をしました。「エッ! そう、嫌なんだ。鳥越先生はどう?」と声をかけるとニコッと笑顔になりました。その場にいたスタッフみな「ソウくんすごい! よくわかったよ。今日は鳥越先生だよね」とソウくんの表現に喜び合いました（小川先生はしばらく食事介助していなかったため嫌だったのでしょう）。

ソウくんとは二年半前、ソウくんが二歳半のときに出会いましたが、半年ほどは新型コロナウイルス感染症感染予防のために登園を控えていました。脳性まひでほとんど自力で体を動かすことができませんでした。登園してからリハビリのスタッフは、筋肉の柔軟性を引き出し本来発揮できる筋活動を促して呼吸しやすくすることと、姿勢のコントロールができるように重力に抗するように促すことを中心に取り組みました。作業療法士の鳥越副園長はソウくんのこれまでを次のように振り返って語っています。

「足の指、足底部に自分の体の重さを感じ取れるように、アップシーやプロンボードで立たせると筋肉の伸びる力が発揮される。そして、自力で足で歩くイメージを体に覚えさせる。それから、ＳＲＣウォーカーに乗り、自力で足を運ぶように促していく。

このような取り組みのなかで、うつぶせで首を自力で持ち上げようとするようになり、首と肩の筋肉ができてきている。また、しっかり人や物を見るようになり目に力がついてきた。物を見るようになってから、さらに首の筋肉がついてきている。手で物にさわろうとしていなかったが、タオルなどをまさぐって探索するようになってきている。今後、目と手の協応が期待される。着実に発達している。」

みかほ整肢園の保育場面では日常的に以上のように取り組みをおこないました。ソウくんは外にほとんど出ることがなかったので、外に出るとおひさまがまぶしくてすぐに目を閉じていたのですが、戸外でも目を開けていられるようになってきました。散歩や水遊びなど自然の力はとても大切です。みかほ整肢園でも寝ていることが多かったのですが、子どもらしい生活のなかで目覚めていることが多くなりました。

子どもらしい楽しみのある生活のなかで子どもは育つとしみじみ思います。

やりとりができるようになると子どもの目が輝いてきます。ソウくんは一年くらい前から首を振るようになり、半年前からそれが「違う」と言いたそうに首を横に振っていることに大人が気づくようになりました。このごろはこちらが尋ねたことに「ノー」のときは首を横に振り、「イエス」のときはうなずきます。表情も豊かになり、〝嫌〟〝うれしい〟〝悲しい〟〝苦しい〟などの表現を大人がキャッチしやすくなりました。それでコミュニケーションがさらにとりやすくなり、大人も子どももお互いに喜びがあふれ、生き生きしたみかほ整肢園での生活になってきました。

子どもはどの子もみんな育ちます。「生まれてきてくれてありがとう。あなたに会えてよかった」。子どもたちに会うたびにやさしい気持ちになれます。

医療型児童発達支援センターとして、子どもの命を守り、寝たきりの子どもをつくらない。どんな子どもにも未来はある。そのためには体も心も子どものもっている潜在的な力を引き出してひとりの人間として育つように支援する。まだまだ発展途上ですが、リハビリスタッフと保育スタッフ、看護師一人ひとりが技術も心もプロとしての道を歩み、チームとしてプロ集団を目指す。それは保護者と共に文化をつくる道でもあります。

どんなに重い障害があっても楽しい生活を送ることが当たり前になっていきますように。

●まとめ

筆者自身の経験をおりまぜながらむぎのこの発達支援について述べてきましたが、子どもの発達を考えたときにゼロ歳から三歳前までは大人との愛着関係が土台です。

子どもは大人に世話をされて衣食住が安定して、睡眠が十分にとれる安心で安全な暮らしのなかで育ちます。遊びも大人にあやされて、ふれあい遊び、揺らし遊び、くすぐり遊び、抱っこでの遊びなどを通して心地よい大人との関係のなかで愛着関係が育まれます。ですから三歳までは大人とのかかわり遊びが中心になります。

三歳になると自分らしさ、自我が芽生えてきます。大人とのかかわりから友だちとのかかわりへと移行の時期です。脳も急に大人に近づきます。それで自分で認識できるように構造化された環境設定が必要になります。特に自閉症の子どもには、外界を取り入れたり、働きかけることが困難な子どもがいるので、外界を体感するような働きかけが必要になります。

今まで構造化についてあまり説明していなかったので、ここで述べさせていただきます。

（一）構造化された空間の環境設定

自閉症の子どもたちは立体的空間の認識に困難があるため、環境を構造化された空間にする必要があります。むぎのこ児童発達支援センターは設立当初から環境設定に考慮してきました。

①一階は窓からテラス、園庭と視覚的に広がり閉塞感がなくオープンな空間、②各室からテラスに出られるようになっており、戸外とつながっている感覚、③年長組は全体が見え、子どもと職員の動きが見える部屋と廊下の間に仕切りがない、④センターのトイレは閉所が苦手な子どもがいるので開放式、⑤子どもの物はラベリングして棚に整理整頓しやすいように戸棚に

収納、⑥トイレを待つ、歯磨きの場所とするなど見通しをもって、いつも同じ場所で行動できるようにベンチを置く、⑦日中一時支援では遊びごとに部屋が決まっている。

(二) 時間の構造化

自閉症の子どもは時間の見通しをもつことに困難があるために、デイリープログラム、週間、月間、季節にあった年間行事をおこないます。日々の繰り返しのなかで時間の流れを体感します。

(三) 手続きの構造化

自閉症の子どもには手続き、手順の構造化が困難な子どもがいます。

これは大人が次の行動を示すところにもうひとりの大人がいて子どもを呼び、子どもが行動の手順がわかりやすいようにします。これを二点間と呼んでいます。カードではなくて大人と大人の間で示されることにより、大人を支えに見通しをもって次の行動が理解できるようになっていきます。

手順を覚えるのにもっとも有効なことは大人の模倣です。大人との愛着関係が育ってくると大人の模倣をするようになるので、子どもが模倣しやすくするために、子どもがわかりやすいようにはっきりとした表現をすることが大人に求められます。大人の模倣から手順を理解するようになっていきます。

以上の構造化は大人が枠をつくり、一貫しておこなう必要がありますが、毎日の子どもの発達支援をするうえでのあくまでも前提にすぎません。

四　子どもを育てるには、村中の大人の知恵と力と愛と笑顔が必要です――共に生きる

子どもを自律できる人間に育てることを子育ての目的にするとき、発達支援はあくまでも大人との愛着関係をつくっていく営みといえます。それはひとりではなしえないことです。障害のある子どもを支援するときに、「障害のある子どもをほかの子どもと異なったニーズをもった特別の子どもと考えるべきではなく、通常の子どものもつニーズを満たすのに特別なニーズ・エ夫が必要なふつうの子ども」（鳥取県立総合医療センター北原信先生）と考えて支援することの大切さを思います。

そして、家族が笑顔で暮らせるように支援することも必要です。子どもは大人の笑顔で育つのですから。そのためにはお母さんたちの心理支援は欠かせません。子どもが障害であることで傷ついている家族が多くいます。当然癒やしが必要になります。個別カウンセリングでも、グループカウンセリングでも、トラウマのワークショップでも、自助グループでも、本当の気持ちを言っても誰も否定しない。そのままの自分に耳を傾けてくれる、そして一緒にいてくれ

る。このような日々のたゆみないコツコツとした取り組みのなかでお母さんたちが気楽に自分のことを語れるようになっていくと、肩の力が取れて家族との関係も良くなっていきます。

また、障害の重い子どもがいるとショートステイやヘルパー制度を利用して、レスパイトケアをおこなうことで少しでも家族が生活しやすくなることも、家族が笑顔で暮らせるためには必要です。麦の子会のミッション「子どもを育てるには、村中の大人の知恵と力と愛と笑顔が必要です」のもとに地域で暮らしながらみんなで支援しています

医療型児童発達支援センターみかほ整肢園の指定管理を札幌市から受けて四年目の夏祭り（二〇二三年）では今までのみかほ整肢園での取り組みが集約され、水面下での努力が具現化されたことを実感しました。

夏祭りは、お母さんたちからの要望があり、二〇二二年からはじまり二〇二三年は二回目になりました。おみこしづくりからお母さんたちが協力して準備を進め、お父さんたちも当日お面つくりを自主的におこなってくれました。出店もありお祭りムードもできています。おみこしでつながってワッショイをみんなで掛け合い、盆踊りもみんなでつながってにぎやかになりました。重症心身障害の子どもにくじ引きの説明をするとアイコンタクトでうなずいているのがわかり、「よく聞いているね。すごいねー」とほめると口元をかすかに動かして微笑みます。大人は、ほめられて微笑んだ子どもに「笑った、笑った」と喜び、子どもがヨーヨーに触れた

と喜び、綿あめや氷水を初めて一口食べたと喜び、初めてのことで泣き出した子どもにはみんなで励まし、おじいちゃん、おばあちゃん、お父さん、お母さん、お兄ちゃん、お姉ちゃん、弟、妹、職員みんなが笑顔にあふれ、喜びを分かち合う会になりました。この四年近く、職員がお父さん、お母さんの声に耳を傾けお互いに歩み寄りながら日々を送ってきた結果、職員と保護者が垣根なく、一人ひとりが当事者として参加した夏祭りでした。それはまたお父さん、お母さんたちから、みかほ整肢園が良いところであってほしいとの願いと行動を感じた日でもありました。

夏祭りを通じて多くの大人によって肯定的なまなざしで見守られ、子どもは成長します。大人が笑顔で子どもに、「あなたってすてきなんだよ。どんなあなたでも大人は愛しているんだよ」と声をかけ、子どもがその空気のなかにいるとき、どんな子どもも内側からエネルギーが湧いてきて意欲的になって大人の励ましでやってみようとするのです。

発達支援とは、子どもがやさしい大人に囲まれていること、子どものかすかな微笑みを喜び合う大人がいること、つらいときに「つらいね」と気持ちを代弁してそばにいてくれて、できないときに励ましてくれる、そんな大人の存在が大前提にあることに、みかほ整肢園の夏祭りを通してあらためて気がついたところです。

「子どもを育てるには、村中の大人の知恵と力と愛と笑顔が必要です。」

むぎのこのミッションをこれからも浸透させていかなければと思います。

第六章

むぎのこの支援プログラム
――根底にある哲学・本質をとらえる

発達に心配のある子どもの支援プログラムはたくさんあります。むぎのこでは、毎日の療育を四十年前から試行錯誤しながら、子どもに合ったかかわり方をしてきました。しかし、支援というのは、これでいいというのではなく、日々子どもから教えてもらいながら、子どもを支えるベースはしっかりと押さえつつ、課題を解決したり理解し、寄り添っていくためには、どんなかかわりがいいのかということを今も学び続ける日々です。

この四十年間にたくさんのプログラムや療育支援のありかたを学んできました。特に子どもの育ちの視点は、保育・子育ての視点から、斎藤公子のさくら・さくらんぼ保育、発達保障の考え方、ＡＢＡ（応用行動分析）、認知行動療法、精神分析、ＴＥＡＣＣＨプログラム、トラウマケア、フランクルの実存的な考え方（フランクル心理学）、愛着のセラピー、ペアレントトレーニングのコモンセンスペアレンティング（ＣＳＰ）、ＰＣＩＴ（親子相互交流療法）、ウォッチ・ミー・プレイなど、さまざまなプログラム・支援方法を学んできました。

しかし、プログラムを表面的に取り入れるのではなく、これらのプログラムの根底にある発達支援における哲学や本質をとらえることが非常に大事だと思います。私の場合、サンフランシスコで出会った車イスのソーシャルワーカー、ベスさんとの出会いが大きなことでした（前々書参照）。

ベス：私は療育支援を受けるたびに自己肯定感が下がりました。

北川：それはなぜなのか教えてください。

ベス：私は生まれながらに障害があります。訓練やセラピーを受けるたびに、障害がある私がそのままではいけないから、訓練が必要であるのではと感じて、自分自身を否定されるような感覚を覚えました。そのため自己肯定感を取り戻すのにその後何年もセラピーを受けました。

そのときのベスさんとの出会いは、私のやっていることは、子どものためになっているのか、障害のある子どもの発達支援の意義について考えさせられる原点となりました。発達支援って何のためにあるのだろう。できないことをできるようにするという発想は何かが違うと模索していた時期でした。そのためベスさんの言葉に「やっぱり」と思いました。

障害のあることで社会的に生きにくさを感じることが多いのに、私たちが自己肯定感が下がるような支援をしてはいけないと思いましたが、これは一筋縄ではいきません。本人の発達、特性、気持ち、意思を大切に、子どものできないことを見るのではなく、それぞれの存在の肯定と自己決定、そして自己実現を支える支援が大切なのではないかと気づいた大きな出来事でした。

【発達支援――アセスメントの大切さ】

いろいろな支援方法はありますが、発達支援で共通していることは、アセスメント↓計画↓実践↓振り返り・新しい計画↓実行の繰り返しをするということです。

アセスメントは、子どもを評価するというよりは、理解しその子に合った発達支援をするために必要です。保育士さんたちは、子どもとの日常の場面で、生活のこと、遊び、好み、身体の動きや使い方、集団参加、基本的生活習慣の獲得について、いろいろな場面で子どものアセスメントができます。加えて医学的判断、生理的な過敏さ、周産期歴・成育歴、発達検査、心理検査、適応行動尺度、情動、社会性、コミュニケーション、言葉、場面による言葉の使い方の混同、日常生活動作（ＡＤＬ）、遊びの発達段階、特性、家庭の状況や子どもをとりまく環境、親子関係、養育者のメンタルヘルス、どんな気持ちで子育てしているか、保育環境などトータルにアセスメントしていく必要があります。保育士さんたちが日ごろ子どものことをみんなで振り返って理解して、支援計画を立てて、そして実践して、また話し合って、変化や支援がこれでいいのかなど話し合っていきます。子どもは変化するので毎日気づきがあります。そしてアセスメントを繰り返して、支援がニーズに合うようにしていくことが大切です。

時には、自分たちだけではなく発達心理の先生や外部の先生に支援についてアドバイスをもらうことも必要です。

またその子その子によって支援ニーズが違うので、その子をアセスメントしたうえでヴィゴツキーの発達の最近接領域を見極めた支援も大切です。発達の知識とともに、愛着関係や子どもがどれだけ安心して受け止められているか、そしてその結果、信頼と自信をもっているかという心の発達によっても働きかけ方が変わってきます。

障害があっても受け止められて、大人との二人三脚で子どもは大人に励まされて育っていくのです。そして、少しずつ子どもの集団のなかでも学習していくことができます。ケアニーズが高くなったときは、お母さんやお父さんだけで子育てするのではなく、医療、保健、児童福祉、教育など、たくさんの関係者が応援していくことが大事です。

子どもの強みを見つけたり、弱さに見えることでもリフレーミングのなかで良いことにつながる視点をもつこと、何よりも本人の意思決定を尊重してサポートすることです。また、このような細かな視点から子どもをとらえるのも大切ですが、子どもとの出会いのなかで俯瞰的に子ども自身のもつ可能性や子どもの思いを感じ取ることは、深い共感性がそこに生まれ、支援が楽しくなります。

【親子発達支援】

年二回ほど、各クラスで親子発達支援というプログラムをおこなっています。お母さんやお父さんはいつでも園に来てもいいのですが、働いているお母さんもいますので、この日はなるべく親子で登園してもらいます。一緒に三十分から四十五分くらい親子で保育に参加して、その後クラスのお父さん、お母さんとむぎのこの武田先生（心理士）、古家先生（心理・看護師）、グループマネージャー、クラス担任が入って子育てで困っていること、良かったことなどを話し合います。

そしてそこで出た話について発達障害児を五十年近く見てきている武田先生からの発達へのアドバイス、子育てで工夫することなどを話してもらいます。それから家族のことやお母さんの困り感に対して、古家先生からまた違った視点でお母さんとやりとりをしながら話し合いをします。いろいろなお母さんから話を聞きながら、それを聞いている私たちも分析します。お母さん同士のやりとりもあって、武田先生や担任の先生の話も交えてオープンダイアローグのような感じです。お母さんたちが子どもの気持ちを受け止めつつ、どうしたら育児が楽しくなるかしらと思いをめぐらせながら協力し合う時間ともいえます。こうしたお母さんたちと先生たちとの協力が、子どもの信頼関係を育むことにつながります。

ここで家庭の様子が大変な場合は、ショートステイやヘルパーさんを利用することにつながります。このごろはユーチューブの視聴をやめることがなかなかむずかしい子どもが増えてきて、先日の親子発達支援では、ユーチューブをやめさせると子どもの暴力や睡眠障害など生活のしにくさが起こると相談がありました。そこでみんなでショートステイにお泊り会をすることにしました。

今はユーチューブ流行りの時代ですので否定する気はないのですが、このごろのお母さんたちの話を聞いていると、子どものユーチューブ視聴は子育てのかなりの困りごとにもなっています。子どもにユーチューブを見せていることに罪悪感をもつ必要はないですが、ユーチューブと共存するには、まわりの力もちょっと必要だと感じるこのごろです。

【ペアレントトレーニング――コモンセンスペアレンティング（CSP）】

コモンセンスペアレンティング（以下、CSP）は、アメリカで商標登録されていて認定を受けて使う必要があったり、内容も公表できないことになっていますので、むぎのこの取り組みをお伝えします。

CSPに最初に出会ったのは、二〇一二（平成二四）年の夏のことです。そのころむぎのこでは里親やファミリーホームができ、ケアニーズが高い子どもが増えてきて大変な時代でした。日本ファミリーホーム協議会の全国大会で、大阪の児童心理治療施設にいらっしゃった堀健一先生の講演を聞いたのがきっかけで教えてもらうことになりました。このトレーニングは資格制で、堀先生のほかアメリカのネブラスカ州の児童福祉施設ボーイズタウンから来た先生からも教えてもらい、試験に合格して使用することができます。最初、私はあまり意味もわからず、特にステップによるスキル練習がわからず苦労したのを覚えています。

それでもなんとか十名以上のむぎのこの職員が教えてもらい資格を取るために、それから五年くらいかけて時どき大阪に行って全国のみなさんと学んでいました。

ＣＳＰには発達や愛着も入っており、私としては入りやすかったのですが、行動療法をベースとしており、行動の先行事象や結果の用い方など、これまで得意としない分野だったので身につくまで覚えて学んだり、スキル練習をするなど、歳をとってからの学習を必死に努力しました。

支援者側と違って、実際お母さんたちに伝えるときはすごくシンプルで、育てる側の困り感の復習をして学び、そのスキルの実際のビデオを見て練習をたくさんします。アメリカでもそうでしたが、子育てを得意としないお母さんたちに、実際にできるようにとてもやさしくわかりやすく教えています。

ペアレントトレーニングは、子どもを育てているお母さんたちにも良いのですが、子どもの良さを発見し理解して肯定的なかかわりをするということで、職員にとってもみんなで学ぶ大切なスキルになっています。またアンガーマネージメントとしての役割もあり虐待予防にもつながっています。

お母さんたちにはいろいろな背景がありますから、一斉に学ぶというより一人ひとりに合わせて少人数での学びのほうがわかりやすいので、それぞれのお母さんに合わせて学びのグループを組んでいます。特に、お母さんたちが子どもと買い物をするときなどに、突然お菓子がほしくなったときどうするかなどの子どもと前もって練習する方法、イライラを子どもに向けそうになったときに、どのように対処するかということなどに役立っています。

【ABA（Applied Behavior Analysis：応用行動分析）】

行動分析学の一分野で、社会的に価値のある目標を設定して、行動の原理を応用して問題解決を図ります。個人の行動変容のために人と環境との相互作用を分析し環境に介入します。

先行事象（場面・きっかけ）→行動→結果

この構造は発達支援にとても役立ちます。上手な保育士さんは自然にこのプロセスをおこなっています。また、保育内容を分析するときの助けにもなります。

環境設定など、子どもが興味ある活動や楽しい活動をし動機づけします。療育場面で自然に子どもが主体的に活動できたり、生活習慣なども身につけられるように環境を設定します。目標設定したり支援方法としてスモールステップやわかりやすい働きかけ、援助を大きくしたり小さくしたり、子どもによって変わります。段階的に子どもに合った援助をします。そして結果としてほめて肯定します。

成人期の行動障害の方のアセスメントやケースカンファレンスのときの考え方にも役に立つ方法、考え方です。

【TEACCHプログラム】

自閉症の方がたの強みや学習スタイルをアセスメントします。教育の環境や一日のスケジュールを自閉症の方にわかりやすくなるように構造化することを大切にしています。具体的には、絵カードや文字カードのような視覚的支援を取り入れ、その人に合ったスケジュールを工夫します。幼児の場合、一日の決まった流れを把握して、視覚的スケジュールがない場合でも見通しをもてる子どもも多くいます。プログラムに合わせるのではなく、子どもにとってプログラムがわかりやすいかどうかをアセスメントして判断することが大切だと思います。人間関係で安心感のある子どもは、変化があっても柔軟に対応できます。ただ、私たち大人もそうですが、年齢が高くなって認知機能が発達して、見通しをもつことで安定する子どももいます。TEACCHプログラムでも柔軟性や変化も視野に入れています。また何をどれくらいすればいいのか、いつ終わるかなどわかりやすく一連の作業をおこなえるようにしたのが、ワークシステムです。

私たちも仕事のなかで時間管理をしていますが、そのとき、終わったタスクにチェックを入れます。それもワークシステムといえます。物理的な環境のわかりやすい構造化も大事です。アメリカのＴＥＡＣＣＨプログラムを取り入れている幼稚園では、エリア分けをコーナーに分けておこなっているということを聞いたことがあります。子どもがここで何をすればいいか、集中できることも含めてわかることが大切です。クラス環境や園の環境をデザインすることともいえます。

むぎのこの幼児期では、そこまで視覚的スケジュールは保育のなかでおこなってはいません。しかし、自閉症の方がたの支援を考えるときに、彼らの良い面をとらえて、混乱して不安になって行動障害へつながることを予防するには、次の行動をわかりやすく示して達成感をもつためにＴＥＡＣＣＨプログラムはとても役に立つプログラムだと思います。人に頼ることも大切ですが、視覚的支援のなかで、お風呂の入り方をマスターしたり、やりたいことを選択ができるようになったり、生活習慣などのスキルや仕事の順番など、絵カードで意思を選択することは意思決定支援のひとつの方法です。そのようにカードを支えに生活しやすくなることも大切な視点です。

【トラウマケア――リプロセスワーク】

私が西尾和美先生から教えていただいたトラウマケアは、リプロセス・リトリートというトラウマケアです。

子育て支援のことで、Ｈｏｗ Ｔｏを伝えるだけではなかなかむずかしいと実感していたころ、西尾先生がＮＨＫの朝七時の「おはよう日本」に出演していて、「子育ては育った環境が影響しているので、親が習ったことが何世代も家族に受け継がれていることは珍しくはないのです。もし不健全な行動が受け継がれている場合は、自分の代で終わりにするために、ひとりで悩まないでリプロセス・リトリートなどのワークショップでトラウマケアをしてみましょう。人生を変換する助けになります」という趣旨のことをおっしゃっていました。私は半信半疑で聞いていましたが、人の生き方に影響する家族の環境について知りたいと思いました。そこですぐに調べて、たまたま富良野でおこなわれた西尾先生のワークショップに参加したのです。

一九九七年ころの話です。

西尾先生は自然のなかでの癒やしを大切にされていて、日本でもアメリカでもとても環境の良いところをワークショップの会場に選んでいるとのことでした。何も知らずに受けたトラウマのワークショップでしたが、リプロセス・リトリートには驚くことばかりでした。

災害や虐待などで、経済的な困難を抱える方のトラウマケアの必要性がいわれていますが、ワークショップにはお金がかかるので比較的余裕のある人が多かったように思います。一人ひとりのワークを見ていて、一見幸せそうに見えるのに、育ちのなかでの出来事に対して泣いたり怒りを出しているのを見て、こんなに苦しんでいる、つらいことがあるんだとびっくりしたのを覚えています。そのころの私には自分を探求したり、客観的にみるメタ認知もありませんでした。

私はどこか疑心暗鬼になりながら、トラウマワークのときに、自分自身がクライエントになるのを避け最後まで手を挙げませんでしたが、西尾先生から、「次はあなたよ」と促されて参加することになりました。前のほうに出て自分のトラウマの再現をするのですが、まったくイメージが浮かばず、感情も動かなかったのを覚えています。

西尾先生に、「今までで嫌なことやつらいと感じたことなかった?」と聞かれて、「そういえば、私が学んだのは田舎の小学校で先生がいなくて、母が家庭科だけを教えに来てくれました。そのとき母は私のことではなく、ほかの子どものことばかりサポートしているように思え、なんだか自分の母親がみんなのものになってしまって、嫌な悲しい気持ちになったことを思い出しました」と話しました。ほかの人の受けたトラウマからみたら、そんなことと思われたかもしれませんが、そのとき心に浮かんだことはそのことだったので、そのことを西尾先生に話したのです。

先生は、すぐにその場面をサイコドラマにして再現してくれましたが、それでもあまり感情は動かずに終わりました。すると西尾先生から、「お父さん役とお母さん役の人と会場の隅っこで休んでいて」と言われたので、お父さん役とお母さん役の人と一緒に座っていたら、「私は教師の娘で、父からも母からも叩かれたりしたこともなく、不当に嫌なことを言われたりしたこともなかったけれど、地域のなかでは教師の娘として結構我慢して生きてきた面があるんだ」ということに急に気づいたのです。そしてお父さん役とお母さん役の人にハグしてもらったら、なぜか少し涙が出てきました。それが私にとっての初めてのトラウマワークの経験でした。少しだけ自分のことを知ることができて、お父さん役とお母さん役の人に肯定してもらいすっきりした感覚でした。

そのとき、自分の育ちのなかで経験したこと、感じたこと、自分を知ることが、子育てするときにとても大事なことではないかと感じました。ワークショップのなかでの気づきは自分でしかないので、誰かに何かをされて変化するわけではありません。自分で少しずつ気づいて癒やして自分を肯定していく作業ともいえます。

それから西尾先生にお願いして毎年むぎのこに来ていただいて、お母さん向けにワークショップをおこないました。トラウマという概念は、今はいろいろなところで一般的になりつつありますが、一九九八年くらいのことですから、「トラウマ」「トラウマケア」はほとんど聞いたことがない人が多かった時代です。

西尾先生のトラウマケアを受けたむぎのこのお母さんは、もしかすると日本でトラウマケアを受けたフロンティア的存在だったかもしれません。今はそのお母さんたちがいろいろなところで核になって、むぎのこの子ども、利用者さん、若い職員を支えてくれています。いろいろなつらい経験をしたお母さんたちが、生きてきて仲間を信頼することを取り戻し、精神的に回復し、いろいろなことに挑戦していく姿は、本当にすごいことだと思います。

西尾先生のリプロセスワークは、最初にメディテーション（瞑想）やお花を飾り、ろうそくを使ったリチュアル（儀式）からスタートするので、初めての人は、「何これ？　宗教？」とドキッとする方も多いのです。これは、日常と離れて自分の心のケアをするワークに入るための準備で、アメリカ先住民族インディアンの文化から学び、先生のインスピレーションでこれからワークするための心と体を整えるために取り入れたと聞いたことがあります。しかし、リプロセスワークは、イメージ療法、アファメーションワーク、呼吸法、エクスポージャー療法などさまざまな要素が取り入れられていて、基本は認知行動療法でエビデンスベースです。

リチュアルのあとは、アダルト・チルドレンや共依存、トラウマ、現在の症状のチェックをおこないます。そして西尾先生の語り（今は認定セラピストがおこなっています）によって、メディテーションのなかで今が安全であることをイメージします。その後、どんなトラウマがあったのか、遠くから見てみます（ディソシエーション）。そして、そのときの感情、身体の反応、どんな考えが浮かび、どんな行動をとったのかに思いを巡らせ、そのときのことを感じます。

またそのあと、スクリブル（なぐり書き）で縦、横、丸など、右手と左手両方で用紙に描きます。眼球運動とトラウマへのアプローチは、このころから西尾先生もＥＭＤＲ（眼球運動による脱感作・再処理法）など学び、違うかたちで取り入れたようです。また、芸術療法のスクリブルは感情が解放されるとされています。その後少しずつ段階的にゆっくりと自分のトラウマを表現します。絵を描いて表現したり、その絵を見て心のなかで言葉で表現したり、自分の体のどこにトラウマがあるかを表現します。時には彫刻のようになり、隣の人に見てもらう時間をとります。そのたびに呼吸法を使いゆっくりと呼吸をします。そのあとは文章にして外在化したりします。時には参加者と言葉でシェアしたりもします。

本格的にトラウマを見つめる前に、トラウマやストレスの対処法を学びます。自分の身体反応に気づき言葉にしたり、呼吸法、スージング（soothing）といって「私は大丈夫」と自分で自分の体をタッピングしたりなでたりします。ここではいろいろな対処法をそのメンバーを見ながら取り入れます。全力で逃げたり、押し出すワークもあります。トラウマを手放したり、川に流したり宇宙に飛ぶように投げるイメージ、掃除機で吸い取ってもらうイメージ、呼吸に目を向けるワーク、感情のコントロールワーク（グラウンディング）では、まわりを客観的に心のなかで描写したり、胸を交互にやさしく叩いて「私は私で大丈夫」と言いながら繰り返します。

そのほかトラウマやストレスに対処するワークをたくさん教えてもらいました。西尾先生のワークは北海道、山梨など自然が豊かなところでおこなうリトリート（日常から離れてリフレッシュする時間）の面があったので、たっぷりと山歩きをすることもありました。自分の木を見つけて木からエネルギーをもらったり、直感で気に入った石や小枝、花を見つけてワーク会場に持ってきて、安心やリラックスのグッズとしてそばに置きます。

このステップの最後では、トラウマの絵を丸めて破って捨てたり、時には暖炉で燃やします。そして参加者と手をつないで、「人間関係で傷ついた傷は人間関係で癒やしていきましょう」とセラピストから言ってもらい休憩します。

本格的にトラウマを見つめるために、ここでサイコドラマやエクスポージャー療法を取り入れています。その前後には呼吸などのメディテーションをして安全を保ち準備をします。サイコドラマでは再現はしますが、そのクライエントさんの様子を見ながら、またセラピストの力量もあるので、一回目ではほんの少しだけで時間をかけないようにします。それよりも、トラウマを与えた人にドラマのなかで謝ってもらい、新しい健全な人間関係を経験するほうに多く時間をとります。そのとき仲間からのサポートを受けます。要所要所で呼吸法や健全なメディテーションを大切にします。

子どものころの感情の欲求として、安心したい、愛されたい、大切にされたい、自信をもちたい、信頼したいなどがありますが、心が傷ついている大変さをもつ人は、そのような欲求を子ども時代に満たされていないことがあります。そのため自分のなかにある「内なるインナーチャイルド」を大きくなった自分がわかってあげて、インナーチャイルドを子守歌に合わせて抱っこしたり、世話をして癒やしてあげて、心のなかで「いい子だね」などのやさしい言葉をかけてあげるワークもあります。トラウマを先祖に返したり、西尾先生はいろいろなワークをよくつくり出したと思いますが、たくさんのワークを教えてもらいました。

三番目のセッションは、肯定的なアクティビティです。ハッピーバースデイ、成長のワーク、やさしい言葉、肯定的な言葉をかけてもらうワーク、傷を捨てたり、嫌だったことを店に預けて新しいものを自分に取り入れる交換の店ワークなど、とても楽しいワークや感動的なものもあります。

最後にまたクロージングのリチュアルです。また現実の生活に戻るためには必要なことです。傷を水で洗い流して、きれいなポプリを持ち帰ります。

ワークの最後でも伝えるのですが、その後の心の変化で苦しいときなどは、カウンセラーに相談すること、安全な場でおこなうので効果的であること、さらに守秘義務のことを伝えます。

このワークは、最初の十五年くらいは西尾先生しかできませんでした。私からは魔法のように見えたので先生以外の人はできないと思っていました。ですので私にはできないし、やりたいとも思いませんでした。

あるとき、アメリカの先生の別荘でおこなわれたワークショップから、参加者が七、八名しかいなかったこともあって少しずつ経験者に教えてくれるようになりました。最初のうちはアメリカでしか養成講座はおこなわれていませんでしたが、少しずつ日本でもおこなわれるようになり、セラピストになるための規約をつくったり、商標登録もされ、西尾リプロセス協会も立ち上げ、養成講座を年一回するようになりました。

クライエントのモチベーションや安全性も大切ですし、性虐待を含めたトラウマを扱うので、専門的知識はもちろん、一人ひとりに合わせた柔軟な対応・マネージメントが求められ、セラピストもかなりのトレーニングが必要です。今でも西尾先生から教えてもらった認定セラピストが、細々とですが全国でワークショップを開催しています。

西尾先生にお世話になったお母さんたちが多いということで、西尾先生が生前決めてくださって、先生の死後その遺産で西尾リプロセス協会（麦の子会運営）として、ワークショップができるビルを札幌に建ててくださいました。そのビル、ニシオ・カズミ記念ホールでは年一回の養成講座、年一回のフォローアップ、年一回の公式ワークショップや、小さなワークショップも月数回おこなわれています。

西尾先生が私たちにおこなってくださったころは正直ワークの意味がわからなかったのですが、その後大学院で学んだり、ほかのところで臨床心理を学んだり、またトラウマケアが日本に導入されたり、認知行動療法も一般的になったことで、リプロセスワークをエビデンスの視点でとらえ直すことができました。むぎのこでは、月数回、西尾先生から教えてもらったセラピストたちが、お母さん向けに定期的にワークショップをおこなっています。

【REBT（Rational Emotive Behavior Therapy）：認知感情行動療法】

むぎのこでは二〇二〇年ごろ、当時のアライアント国際大学・カリフォルニア臨床心理大学院日本校の先生だった渡邉登志子先生にトレーニングをしてもらいました。

ＲＥＢＴはアルバート・エリスによってつくられたセラピーで、基本理念は人は起こったことに心を揺さぶられるのではなく、そのことに対する受け止め方により心を痛めるというものでした。心理的な障害は、「〜しなければならない」「やるべきだ」「いつもどんなときもこうあるべきだ」というように、個々には自尊心が傷つけられたり、居心地の悪さを我慢できない傾向があるというものです。

困難を感じる出来事→結果（不健康な感情・行動）→非論理的な信念は何？（であるべき、価値がない、最悪、耐えられない）→結果のネガティブな感情→それって本当？（プラスになる？耐えられないほどひどいこと？）→新しい思考（本音、共感、リフレーミング、エンパワーメント、アファメーション）→効果的な感情と行動→練習という組み立てです。

このセラピーは、怒りはこうあるべきという思考からきているというアンガーマネージメントにも共通のことがありました。ＲＥＢＴを学び、自然と非合理的な考え方になってしまいがちになることや、認知の枠組みであるスキーマが自分なりに臨機応変にできなくなっているときに、「〜になればいいけど、そうならなくてもいい」「残念だけど最悪ではない」など違う認知に変化させることのスキルを学びました。これは今でも非合理的な考え方に陥ったときの助けになっています。

【ゲシュタルト療法】

ファシリテーターの百武正嗣先生に年に二回ほど来ていただいて、ゲシュタルト療法のワークショップをお母さんや職員向けにおこなっています。

ゲシュタルト療法は、これまで紹介したセラピーと違ってエビデンスベースというよりも、人は気づくことができる能力があるから、どんな人も生きていくことが可能であり、①環境、身体、②精神、③考えたり判断する力の三つの領域で全体性の意味に気づくことが可能になるという考え方です。では、ほかのセラピーが何をもってエビデンスベースなのか、それも考える必要があります。

ゲシュタルト療法は、「いまーここ」を体で体験するセラピーです。細かい視点でラベルを貼らずに全体像から先に認識する、そして人を見てその人の本来の独自性、存在感が生まれる感覚です。百武先生は、「診断やアセスメントがあると、安心かもしれない。そしてそれも間違ってはいないけれど、ゲシュタルト療法はもっと俯瞰的に人間を見る」とおっしゃっていました。

実際、若いときのいじめなどで元気がなかったお母さんが、少しずつ百武先生のゲシュタルト療法を受けて、自分に本来備わっていた力が湧き出て、体が緩む感じでした。障害のある子どもとの出会いとも似ています。細かく分析して子どもを理解することも必要ですが、子どもの全体像をとらえて、その子どもの存在感そのものを感じていくという作業です。

百武先生は、もう五十年もアメリカと日本でグループや個人セラピーをしている方です。「行動療法から、精神分析、認知行動療法などいろいろなセラピーやプログラムがあります。どれもある意味や効果があると思います。でも根っこのところは、クライエントが変わるのはセラピーの内容よりも、セラピストとクライエントの関係性がかなり影響していると思います」とおしゃっていました。

私たち援助職はやはり自分を振り返る力が必要だと思います。私が臨床心理を大学院で学んだとき、自分のことを知るために教育セラピーを五十時間受けなければなりませんでした。日本でも援助職は、毎年（教育）セラピーを受けて、子どもや利用者さんにかかわることができたらいいと思います。そうすれば自分にとっても子どもにとってもいい方向につながるのではないかと思っています。

第七章 むぎのこ式ケースマネジメント
——子どもの最善の利益を求めての連携と協働

一 ソーシャルワーカーの使命

「ケースマネジメント」は、支援を必要とする方に対して制度化されている、いわゆるフォーマルなサービスと家族・親戚・ボランティアなどのインフォーマルなサポートを結びつけ、包括的・継続的に地域での生活を援助する方法です。私たちの生活・社会状況から支援ニーズは生まれ、ニーズの解決のための支援を必要とする方と支援をする側の協働から支援策が編み出され、人びとの生活を守り未来に向けて社会を維持するための制度がつくられていきます。今日の社会制度、社会保障制度、社会福祉制度は以前から存在していたわけではなく、その時代に生きる人・家族・社会の相互作用からつくりあげられた歴史的所産といえます。

四十年ほど前の一九八三年に筆者は北海道職員として採用され、函館児童相談所に赴任して、相談員として子どもと家族の相談に応じていました。同じ年に札幌では、発達に心配を抱えた子どもそして家族への支援の場が足りないとのことで、当時大学生であった現在の北川聡子理事長をはじめ四人の学生がむぎのこを開園して五人の子どもたちの療育をはじめました。当時は障害のある方を終生にわたり保護をするコロニー（大規模施設）が軌道に乗りつつある時代でした。その時代にあって、むぎのこでは、子どもと家族の地域での生活を支える取り組みへ若者の挑戦がスタートしたのです。

筆者の初めての職場である函館児童相談所で教えられた三つの事柄があります。ひとつ目は「子どもは社会を映し出す鏡である」、ふたつ目は「児童福祉司（児童相談所のソーシャルワーカー）のもっとも重要な仕事は、児童福祉司指導（児童福祉法第二十七条第一項第二号措置の在宅による指導）にある」、三つ目は「施設入所児童（児童福祉法第二十七条第一項第三号措置）の児童票をカルテ庫に置いたままにせずに、その後の子どもの将来を常に考えなさい」、ソーシャルワーカーとして四十年を経ても、今だに忘れることのない大切なアドバイスでした。

「子どもは社会を映しだす鏡である」の言葉は、弱い立場に置かれている子どもたちに大人社会の問題が降りかかり影響を強く与えるということです。ウクライナでの戦争被害は、子どもをはじめとする社会的に弱い立場の人に大きな苦悩を与えるのはいうまでもなく、日本にあっても子どもの自殺率の増加、所得格差による教育機会の制約、不登校の児童生徒の増加など、子どもが笑顔で目を輝かせ明るい未来を夢見ることのできない現実があります。

「児童福祉司のもっとも重要な仕事は、児童福祉司指導（在宅による指導）にある」とは、子どもと家族にかかわる関係機関と協働しながら里親委託・施設入所にいたることがないように、地域での生活を保障していけるように、支援していく児童福祉司のソーシャルワークの力量が試されるという意味です。子どもが地域から離れた生活を送ることが、時に必要な場合はありますが、子ども自ら家庭から離れての生活を望むことは多くはありませんし、親もまた、できることならば子どもと共に安心できる生活を望んでいるのです。児童福祉司の役割は、地域生活を保障するためには、子どもと家族の強みである「できること」「じょうずなこと」「しっていること」「もっていること」を発揮してもらいながら、希望と願いを実現するためにフォーマルなサービス、インフォーマルなサポートを動員して、子ども・家族そして関係機関と対話しながら問題解決を図っていくためのコーディネートにあるのです。

児童福祉司は家庭生活・地域の生活がむずかしくなった子どもたちの相談を受け、里親委託・施設入所したことで生活の場が確保できたとホッと一安心するときがありますが、家庭から離れざるをえなかった子どもたちは、「親に見捨てられたのでは」「自分はこの先どうなるのだろう」などと大きな不安を抱えて生活することになります。

「施設入所児童の児童票をカルテ庫に置いたままにせずに、その後の子どもの将来を常に考えなさい」とは、子どもの気持ちを受け止め、一日も早く子どもと家族が安心して一緒に生活できるように、子どもと親の思いに寄り添いながら子どもの将来を見据えたケースマネジメントをおこなっていく責任があることを先輩は教えてくれました。

二　子ども家庭ソーシャルワーク部

むぎのこの子ども家庭ソーシャルワーク部は、第一には子どもと家族が抱える「困り感」に気づき、耳を傾け、感情を受け止めた職員が総合的・継続的な発達支援をプランニングしていけるように、実際に子どもと家族にかかわる職員のバックアップをおこないます。地域で生活する家族全体を見わたしながら、課題や問題の解決策を専門職スタッフと一緒に計画していきます。子どもの発達の心配、保護者の精神疾患や抑うつ状態など精神的不調、経済的困窮、経営不振・リストラ、子ども虐待、ＤＶ、薬物依存、行動嗜癖、事件・事故によるトラウマ、養育者自身の被虐待体験、親族間の不和・葛藤、親族の自死、そして社会的孤立など、ひとつの家族を取り巻く課題は複雑に絡み合っています。とりわけ社会からの孤立は課題解決をよりむずかしくするとともに、子どもと家族の生活をつらく不安定な状態に追い詰めていきます。

第二に児童相談所からの一時保護依頼、里親・ファミリーホームへの委託措置の打診、支援困難ケースのコンサルテーション依頼や家庭児童相談室・保健センター、市町村、児童福祉機関から支援困難ケースのケース会議やコンサルテーション依頼など、関係機関への支援・調整をおこなっています。児童相談所からの相談は平日にかぎらず、土日にも寄せられますし、近年のコロナ禍（新型コロナウイルス感染症感染拡大）にあっては新型コロナウイルスの陽性児童、

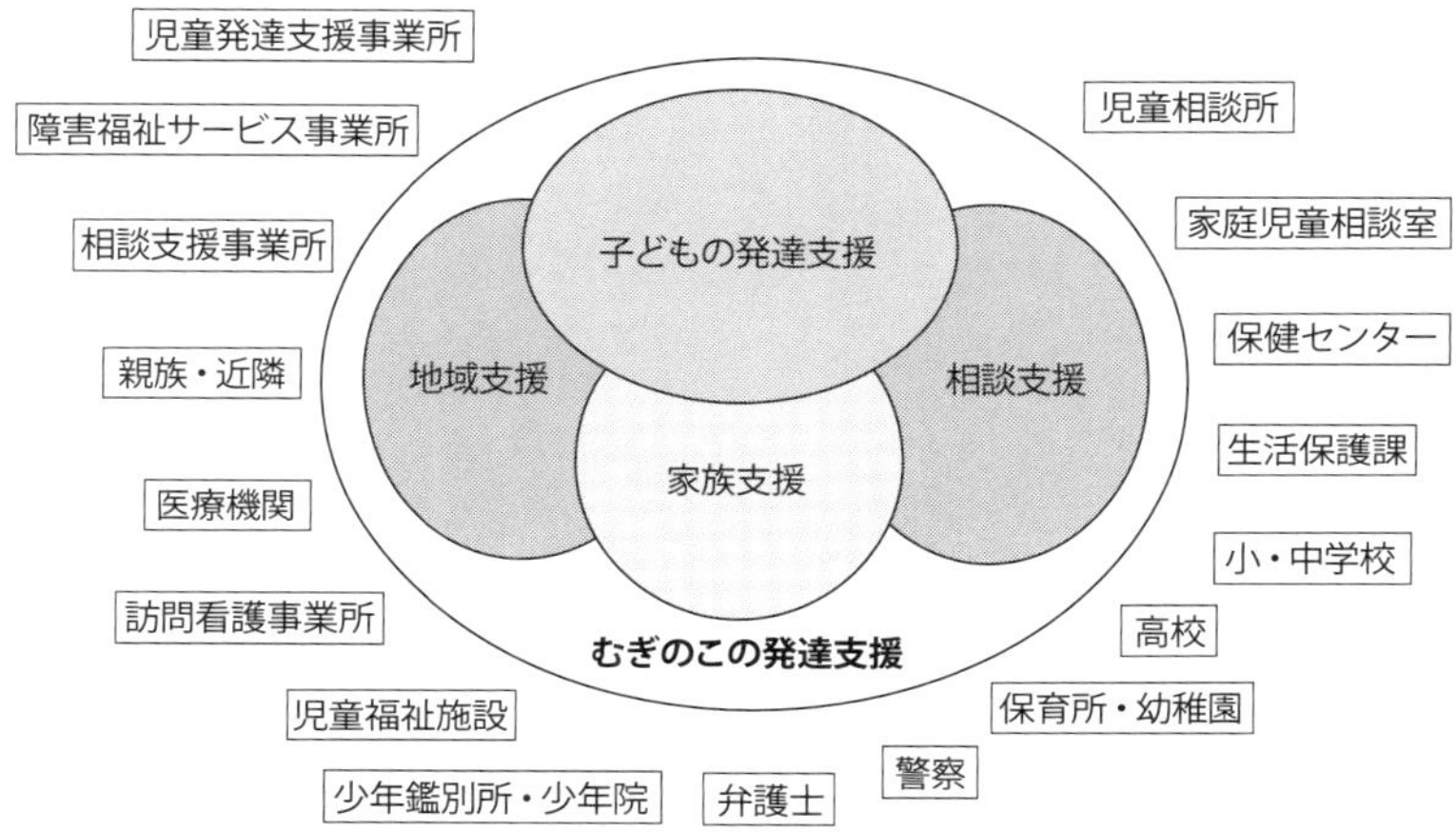

図 7-1　むぎのこのケースマネジメントの関連図

濃厚接触児童の一時保護依頼は途切れることはありませんでした。むぎのこで働く保育士、児童指導員、マネージャー、心理士、相談員、ヘルパー、ソーシャルワーカー、ショートステイ職員、小児科医師、精神科医師、元教員、看護師、理学療法士、作業療法士、言語聴覚士、栄養士など多くの専門職が知恵を出し合い、子どもと家族の強みを見つけ生かしながら、専門職の知識と技術を発揮して、子どもの最善の利益を目指していくプロセスがむぎのこのケースマネジメントといえます。多職種が連携する目的は、①子どもと家庭の「困り感」の共有化と対応の漏れを防止する、②チームでの会議により、アセスメントの客観性・的確性を高め対応の遅れを防止する、③それぞれの担当者がもっている情報の整理・統合を図る、④短期・中長期の支援目標・支援計画・実施責任者を決め実行性のある支援をおこなう、⑤複合的課題を抱え分野横断的に支援を必要とする人びとを取り巻く環境や地域社会に働きかけ、多様な社会資源を活用するとともに新たな資源と制度を開発することにあります。

むぎのこの発達支援を「むぎのこのケースマネジメントの関連図」で表してみました（図7－1）。子どもの発達支援、家族支援、相談支援、地域支援の四つの支援を大きな柱としています。発達に困り感を抱える方がたへの支援イコール発達支援と考えるならば、発達支援の対象者とは子ども本人、家族・親族、そして子どもと家族の支援にかかわる関係職員・関係機関も含まれると思います。発達支援の内容は、①子どもがありのままの自分を信じて、もてる力を発揮して社会的つながりをつくりあげていくこと、②家族が子どもと共に生きることの喜びを感じながら安定した暮らしを送れること、③関係職員・関係機関が子どもと家族の支援方法に困り感を抱えることも生じるので、共通のアセスメントと支援計画を策定し、多職種・多機関の協働から具体的支援を展開していくことになります。

【ケースマネジメントの事例：医療的ケアの必要なヒカルさんへの在宅支援】

病院からの在宅支援の要請

家庭は父母と本児（二歳）の三人世帯、近くに母方祖父母が暮らしていました。

ヒカルさんは、生まれてから一か月のときに運動能力が低下する進行性の病気と診断を受け、小児慢性特定疾病医療費助成、重度心身障がい者医療受給者証の交付を受けました。人工呼吸管理、経管栄養で状態が安定していたため、訪問診療で栄養管理、人工呼吸器の管理をおこない、在宅生活を送っていました。その後、母親は訪問看護を断り、母方祖母（以下、祖母）が母親の子育てを心配して毎日自宅を訪れていましたが、ヒカルさんの顔色が悪いことに気がつき往診を依頼し救急搬送となりました。その後、病院で吐物誤嚥のため心肺停止となりＩＣＵ管理となりました。母親は帰宅を望んでいましたが、養育能力は乏しいことから、自宅での養育がむずかしく、祖父母宅（以下、実家）で母親とヒカルさんは暮らすこととなりました。祖母は一日数時間のパート勤めをしながら重度の障害があり医療的ケアを要するヒカルさんを養育していましたが、その養育の負担は大きく、病院の地域連携室の医療ケースワーカーから相談室に利用できる社会資源はないだろうかとの相談へとつながり、むぎのこの相談室セーボネス（以下、相談室）のソーシャルワーカーは祖母と連絡をとり、病院と連携しながら今後の養育の方向性と支援方法を、家庭の状況を聞きながら考えていくことを伝えました。

祖母の心配

祖母は「娘（母親）は支援を望んでおらず、家に来てほしくないと思っているのではないか」と話しており、実家でヒカルさんを預かっていても、「娘が自宅に戻るといって出て行くことが心配」、「娘宅には帰せない気持ちでいるが、娘の意思も尊重したい」、「育児ができないことはサポートしてもらいなんとかなると思うが、また夜間などに孫に栄養を与えず、今回と同じようになるのではないか不安」とのことでした。相談室のソーシャルワーカーが実家を訪問すると、母親は寡黙で話すことはなく、目も一度合わせたきりで携帯電話を操作していました。

ヒカルさんの病状と医療的ケア

ヒカルさんは寝たきりの状態でベットの上でほぼ一日過ごしており、身体拘縮があり筋緊張は強い状態でした。気管切開をしていましたが発声はあり、表情の変化もわずかながら見られました。てんかん発作は日に数十回ありましたが、大発作にいたることはなく、体調不良時の嘔吐には医師から母・祖母へ対応指示がなされていました。医療的ケアは二十四時間の人工呼吸器管理で、少しの時間であれば人工呼吸器を外せる可能性がありましたが、急変時に対応することのむずかしさが想定され、外すことはありませんでした。鼻腔カテーテルの輸液ポンプ使用による栄養、経口からの痰吸引をおこなっていました。

支援の課題（問題点）と強み（良いところ）

ケース会議では、①祖母がパート勤務に出かけ、母親とヒカルさんの在宅時に訪問看護の支援がスムーズに入れない（玄関ドアが開いていない）、②母親だけではヒカルさんに適切なケアができない、③母親がヒカルさんを連れて自宅に戻ると祖母の養育が困難となってしまう、という課題が挙げられました。

強みとしては、①祖母がケアの主体となることでサービス活用が図られている、②祖母が在宅しているときにはサービスが確実に届く、③母親はケアに必要な手技の習得ができている、④母親は受診同行や入院付き添いをおこなっている、⑤祖母は養育に協力的で母親の養育能力の低さを理解しており、支援を望んでいることが確認されました。

短期的目標は、①ヒカルさんに持続的・安定的に医療を届ける、②祖母と支援者で母親の養育状況のリスクを共有する、③母親が帰宅の意向を強めたときの対応を祖母と共有することとしました。具体的支援策として、①祖母が不在時に玄関が開いていないときには、祖母へ連絡して対応を依頼する、②母親とヒカルさんのふたりで過ごす時間を極力少なくする、祖母にパート勤務時間の調整を依頼する、③祖母の在宅時間を踏まえたうえで、一日の時間帯ごとの一週間のスケジュール表を作成し、支援者の訪問時間を調整する、④ヒカルさんの健康状態・身体状況を確認しながら、児童発達支援センター通所の可能性を探っていくことが確認されました。

多職種・多機関連携

ヒカルさんの今後の養育に関して、病院、訪問看護、指定相談事業所、相談支援事業所、児

表 7-1　ヒカルさんの支援プラン

	名称	提供機関と支援内容	役割・頻度
支援の対象	子ども 父母 母方祖母	ヒカルさん 父母 母方祖母	本人 保護者 養育者
障害福祉サービス等支援	児童発達支援センター 指定相談事業所 相談支援事業所 保健センター 家庭児童相談室 保健福祉課 児童相談所	A 支援センター（訪問療育） A 支援センター（計画相談） B 相談室（一般相談） C 区保健センター（子育てサポート） C 区児童家庭相談室（要対協調整機関*） C 区障害福祉係（福祉サービス調整） D 児童相談所（緊急一時保護）	週 3 回 3 か月に 1 回 必要時 定期訪問 情報集約 サービス提供調整 法的対応への支援
医療サービスの支援	医療機関 医療機関	E 大学病院小児科・眼科 （定期診察・入院） F 訪問看護クリニック （訪問診療・看護・リハビリ）	定期診察月 1 回 入院受入先の確保 訪問診療 2 週に 1 回 訪問看護週 2 回 訪問リハ週 1 回

＊要保護児童対策調整機関

童相談所、家庭児童相談室、保健センター、区障害福祉係、児童発達支援センターの関係者が集まり、ヒカルさんの状態像、養育状況、家族関係、望ましい養育環境の視点からケース会議で話し合われ、祖父母宅での養育を関係機関が連携して、役割分担をしながら支援していくこととなりました。祖母が数時間のパート勤めをしていたことから、週三回の訪問療育、訪問看護による入浴が週二回、訪問リハビリが週一回と土日以外は毎日関係者が祖父母宅に訪問して、ヒカルさんの養育支援に入る週間スケジュールがたてられました。

表７‐１は支援の状況を示したものです。

その後の経過

個別ケース会議が定期的に三か月ごと計五回開催され、ヒカルさんの状態、支援の状況、家族の様子が報告されました。多くの専門職・専門機関が子どもの最善の利益を追求し、家族とともに実効性のある支援が計画・実行されたことでヒカルさんの状態像も安定化し、一日中寝たきりで訪問看護・児童発達支援センターの訪問療育を受けていた状況から通園が可能となり、刺激への反応、表情の変化が豊かなものへと変わっていき、他児との小集団療育の場に参加できるまでになりました。

以上、ヒカルさんのより豊かな家庭生活を実現するために祖母の強みを発揮しながら、専門職の知恵と実践が織りなす協働作業により医療的ケアを要する重度の障害をもつヒカルさんの在宅での発達保障が図られていったケースマネジメントの一端を紹介しました。

三　むぎのこ式のケースマネジメント

「最大の貧困は孤立」と麦の子会の古家好恵統括部長が語るように、むぎのこでは子どもや家族を孤立させず、助けを求められる関係づくりを大切にしています。ヒカルさんの事例では病院からの連絡が相談開始の糸口でしたが、「困り感のある方」のつながり方は、市発行のガイドブックやむぎのこのホームページ、むぎのこの本（前書、前々書）を読んだ保護者・親族からの見学依頼、一歳半健診・三歳児健診からむぎのこ発達クリニックで精密健診実施、大学病院からの相談・支援の要請、市内にかぎらず全国からの療育機関を介した利用依頼、児童相談

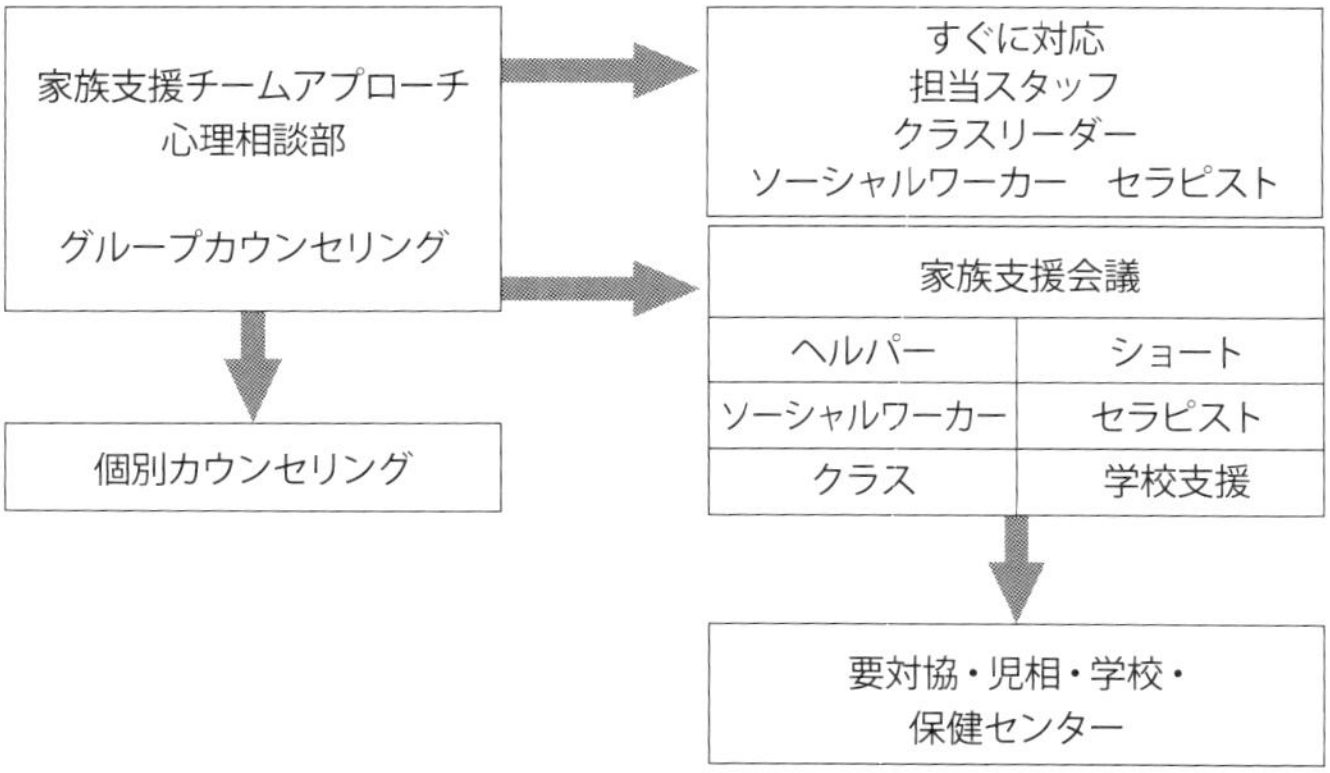

図 7-2　心理支援から家族支援の展開

所や保健センターからの支援依頼などさまざまです。どこからの相談でも、困り感のある方の話をじっくりと伺うなかでより良い支援方法を共に考えていくことになります。子ども・家族・親族をまんなかに置きながら、支援の計画・実行のための相談と具体的支援を求めている子ども・家族にかかわる病院、保健センター、児童相談所、療育機関、相談機関もまた、「困り感のある方」といえるでしょう。

　家族支援チームアプローチを「心理支援から家族支援の展開」で表してみました（図7-2）。心理相談部でのグループカウンセリングを重要な心理支援として位置づけ、幼児は週一回、学童は月一回開催しています。グループカウンセリングのなかでお母さんや家族が困っていることをすくいあげて、心理士から担任職員に伝えています。たとえば、夜寝るのが遅くて困っているという話があったときにも、すぐに担任に伝え、ショートステイの申請やヘルパーの申請などにつなげていきます。グループのなかで話をすることが苦手なお母さんや、お母さん自身が虐待を受けていたり、機能不全家族で育ったなどつらい体験をされているときには、個別のカウンセリングを勧めることがあります。また、ヘルパー職員、セラピスト、ソーシャルワーカー、学校支援の職員などの多職種がかかわっている場合には、家族の情報を共有して支援の方向性を決めるための家族支援会議を開くことがあります。さらにむぎのこ内だけでは支援を届けることがむずかしいときは、要保護児童対策地域協議会（要対協）や児童相談所、小中学校、保健センターなど関係機関と連携会議を開催して、多くの専門機関からの支援が得られるように情報共有と具体的支援の提供を考えていきます。たとえば、お母さんが体調不良で入院するため一時保護が必要、不登校でひきこもり状態、家庭内暴力で家庭が落ち着かない場合などです。要保護児童対策地域協議会や他機関との連携会議が予定されている場合は、必ずむぎのこ内の家族支援会議で正確な情報を整理し、むぎのこに期待される支援の提供について事前検討をおこなったうえで会議に臨むこととしています。

むぎのこで大切にしている基本となる支援アプローチは三つあります。

ひとつは、エンパワーメント・アプローチ（つながり守られること）です。社会的なレッテルを貼られたことで否定的感情を抱える人たちは、自分の存在が肯定されることで勇気を与えられ、自信をつけていきます。一人ひとりが人権を有していること、平等であることに気づき、家族・社会のなかで本来の力を取り戻すことです。障害のある子もない子も共に学び共に生活する排除されないインクルーシブ社会を求め、虐待やＤＶの暴力や心理的・経済的支配から逃れるため、自分自身が学びながら自信をもち行動していける力をつけていきます。仲間や支援者とつながり、生活の安心・安全が守られるなかで絶望から希望への光を見出していきます。心理支援としてのお母さん、お父さんのグループカウンセリング、自助グループ、個別カウンセリング、言語化がむずかしい幼児期の子どもへのセラピー、年長児やきょうだいへのカウンセリングは大切です。

ふたつ目は、ストレングス・アプローチ（自分らしさともっている能力に気づき発揮すること）です。子どもとお母さん、お父さんともに自分がもっているプラスの面（良さ）に気づき、障害や病気によって、できないことに注目するのではなく、自分自身の能力・意欲・興味・関心を発揮できるように応援することです。自分のすてきな能力を発揮して、家族や近隣、社会的サービス、ボランテイアも含めて環境に働きかけながら自己実現を目指すことです。むぎのこには、子どもを育てるお母さんやお父さんがたくさん働いています。障害のある子を抱え、子どもの将来と養育者と家族の行く末までを悲観して、社会から孤立していき、うつ状態になり、自死・心中を一度は考えたと語る先輩お母さんの職員に何人も出会います。しかし、自分の人生を生き抜いてきた方たちが、ここで同じ悩みを抱えた親に出会い、支援を受けて子育てするなかで自尊感情を高め、他者の尊厳を守ることで「共に生きる」ことの意義を知ります。重なり合う体験をしている方がたのために、むぎのこの支援を受けたお母さんやお父さん方が、今度は支援する側にまわり職員やパートとして、現在二百五十人を超える人たちが働いてくれています。そして、むぎのこで育った子どもたちが成人してむぎのこを職場として自分のこれまでを語り、子どもたちの気持ちに寄り添いながら働いています。

三つ目は、レジリエンス・アプローチ（しなやかに回復すること）です。困難な状況や脅威を受ける状況にあっても、うまく適応する能力・過程・結果を目指します。精神的な回復力・復元力ともいわれます。子どもや家族が体験してきた経済困窮、虐待、ＤＶ、自死、事故などが、その後、長期にわたって影響して何らかの問題を生じさせる可能性があると考えられ、ＡＣＥ研究（Adverse Childhood Experience：アメリカ疾病予防管理センターとフェリッティ（Felitti, V. J.）らの共同研究）でも、小児期の逆境体験がその後の人生に大きな影響を及ぼすことが報告されています。しかし、逆境体験に遭遇しながらも必ずしも社会的不適応に陥るとはかぎらず、適応的な生活を送る人も少なくないとの研究も報告されています。

むぎのこ発達クリニック木村医師（現在、アメリカ在住）は、二〇一八年一二月一日の日本子ども虐待防止学会（第二十四回学術集会）で「障害児の親の虐待予防——当事者研究の視点から」と題して、むぎのこを利用されたお母さんを対象にした調査報告をおこないました。そのなかで障害児の親はすでに育児のストレスが高い状況にある。虐待にいたりやすい被害的認知を高めないためには親自身の自尊感情を高めることが必要で、①当事者（親）同士の対話の場がある、②親自身が受容され過去を含めた自分を受容する、③自分の役割（仕事）を得られることで自己肯定感が高まるとして、障害児を虐待から守るためには医療・福祉・教育の支援は必要であるが、親の大きな心理的変化を生み出すには親（当事者）同士の力が重要であると報告しています。

四　発達特性があり社会的養護を必要とする子どもたち

むぎのこの多くの利用者さんは、乳幼児時期に発達の心配からむぎのこのかかわりがはじまります。子どもの発達支援でかかわるなかで養育者自身が体調不良や精神的不調、多子の養育に手が回らずに、養育が困難になる場合もあります。むぎのこのショートステイや中長期に家庭での養育のむずかしさが想定されるときには児童相談所にも入ってもらいながら、むぎのこの里親やファミリーホームへ措置されることがあります。仲の良い友だちや先生、住み慣れた地域を離れることなく、親との面会や外泊など絶やすことのない生活を送ることができます。

思春期に入ってからむぎのこで暮らしはじめる子どもたちがいます。乳児院、児童養護施設、児童心理治療施設、児童自立支援施設、そして里親さんやファミリーホームなど、いくつかの社会的養護での措置変更や不調の結果、児童相談所からの照会があってむぎのこにたどり着く子どもたちです。日本では家庭を離れ社会的養護で育つ児童は、現在四万二千人いるといわれていますが、そのうち心身の状況で何らかの障害のある子どもの割合は、里親では二四・九パーセント、ファミリーホームは四六・五パーセント、児童養護施設は三六・七パーセントとなっています。また、虐待を受けたことによる養護問題発生理由について、里親では全体の三九・三パーセント、ファミリーホームは四三・四パーセント、児童養護施設は四五・二パーセントとなっています（厚生労働省、二〇二〇）。社会的養護施策と障害福祉施策は従来、縦割りで子ども期に起こりうる問題に柔軟に対応することがむずかしかった現実がありますが、児童福祉法・母子保健法の改正のなかで、子どもの権利保障のために社会的養護施策と障害福祉施策の間での制度活用の円滑化や支援期間の延長が図られてきています。

今日、障害がある子もない子も養育支援が必要であり、特に障害児の養育の支援が虐待予防につながるものと考えられています。しかし、発達特性をもち、信頼できる養育者との愛着関係をつくれず喪失体験を重ね、トラウマを抱えた子どもたちには高いケアニーズがあります。他児とのトラブル、養育者への反発・不信、過度の依存、ルールへの反発、無断外出、器物破損、万引き、自傷・他害、自殺念慮、自殺企図と、子どもたちが背負う重荷を言葉で伝えることができず身体全身で表現することを目の当たりにします。養育者や職員が子どもの暴力行為から受傷し、ショートステイホームや一時的に別の家で職員がつききりで生活することもあります。激しい暴力、自殺企図、自傷・他害が見られる場合には、むぎのこの職員の対応だけでは身体・生命の安全を図れず、警察、精神科病院、少年院、国立児童自立支援施設の応援が必要となることがあります。少年院に入ったとしても基本的信頼関係を結べず、喪失体験を繰り返してきた子どもたちですから、面会と励まし、そしてむぎのこのみんなが待っていることを伝えていきます。一時期の感情の嵐に飲み込まれ、つまずいた体験を次に生かしながら、少し回り道をしてもむぎのこに戻る気持ちがあればいつでも帰ってくることを待っています。

五　まとめ――むぎのこのケースマネジメントの歴史

むぎのこのケースマネジメントの歴史を振り返ると、学生によるインフォーマルな療育資源の創設（開園）、フォーマルな制度（認可）、子どもと家族のニーズに合わせて、お父さんと職員のボランティアによる新たな資源の創出（成人通所、送迎サービス、ショートステイ）、そこから障害児サービスとしての制度化へと進んでいきました。子どもの発達支援をまんなかに置いて、フォーマルなサービス、インフォーマルなサポートを活用しながら家族支援、相談支援、地域支援の方策をつくりあげてきました。ライフステージに立ち現れる不安と課題はさまざまで、子どもと家族のケアニーズを解消していくために、心理支援とソーシャルワークがとても重要な役割を担っています。そこでは、支える側が困り感を抱える方に耳を傾け寄り添いながら、つながることで支えられる側の自尊感情が育まれ、相互の信頼関係が築かれていきます。カウンセリングによる当事者同士の共感・受容の体験とソーシャルワークによるサービス利用、職員や先輩お母さんのボランティアによる困り感の軽減は、自己肯定感を高め本当の自分を見つめ直す機会となります。支援を受けたお母さん、お父さんが、今は職員・パートとして同じ困り感を抱える子どもと家族を支援する側へと回っています。
むぎのこは多くの関係機関と連携・協働しながら「子どもの最善の利益」を考えて、地域包括的・継続的支援を展開してきました。特に胎生期、乳幼児期、学童期、思春期、青年期、成人期の各期に現れる困り感と課題に職員とお母さんやお父さんが協力しながらつくりあげてきた時間軸を意識した支援の展開が、むぎのこのケースマネジメントの発展過程といえます。なかには一度は離れざるをえなかった愛着障害や喪失体験から高いケアニーズのある子どもたちの回復を信じて、むぎのこは待ち続けます。「弱きものと共に生きる」ことを選択した職員は、助けを求める人を救うため、誰ひとりとして取り残すことがない社会づくりを使命として、これからも歩み続けていきます。

【文献】

厚生労働省（二〇二〇）児童養護施設入所児童等調査の概要

第八章　むぎのこの人材育成
――ぶれない理念がむぎのこ人をつくる

この章では、むぎのこ村をつくりあげるうえで欠かせない「働く人」に焦点を当ててみようと思います。

一　働く人を育てるわけ

音色も奏法もまったく異なるのに、さまざまな背景をもつ奏者たちが集まっているのに、なぜオーケストラは人を感動させる音楽をつくりあげることができるのでしょうか。むぎのこで働く人はその職種もさまざまで、一人ひとりがとても個性的です。当たり前のようですが、従業員数七百人以上の規模で、働く人の個性がここまで輝く組織は実はそう多くはないのではないでしょうか。もともと個性的なのか、むぎのこで働くと個性的になるのか、そのあたりは働いているみなさんや、これまでのむぎのこ本（『子育ての村ができた！　発達支援、家族支援、共に生きるために』『子育ての村「むぎのこ」のお母さんと子どもたち』）を手に取ってくださったみなさんにも伺ってみたいところです。

社会のあらゆる仕事のなかには、パソコンを使えなければいけない、英語を話せなければいけない、国家資格を取らなければいけないなど、働くうえでの技術的な条件がもとから設定されている場合があります。特に営利目的の企業であれば、数字も含めた経営目標達成を目指して日々活動していますから、一緒に働く仲間に対してもある程度の基準を設けるということは必然的です。もちろん福祉でも、保育士や精神保健福祉士、理学療法士など専門的な資格や知識、技術が求められる仕事もたくさんあります。しかし福祉、特にむぎのこは、特定の資格やスキルを必ずもっていなければいけないということはありません。むぎのこは支援をするために働いてくれる人がいるというだけでなく、働いてくれる人がいて仕事があるということが現場にいて思うところです。そのため働く人に合わせて仕事をつくるということもしばしばあります。人によっては採用の方針がないように聞こえるかもしれませんが、働きたい人を雇用することも、むぎのこをつくりあげるうえでは欠かせないことなのです。このように働くことに関して柔軟なむぎのこは、他業界と比べたらもちろん、福祉業界のなかでも比較的間口が広いといえるのかもしれません。

働いてくれる人がいて仕事があると実感する場面のひとつに、お母さん・お父さんの雇用があります。むぎのこは障害児療育を中心にして広がってきた組織ですので、障害のある子どもや利用者さん、そしてその家族などがたくさん集まります。そしてその家族は、しばしば仕事を辞めなければいけない現実に直面していることがあります。日本では障害のある子どもの子育てと働くことの両立がまだまだむずかしいことは、意外と多くの方がイメージできないことなのかもしれません。

具体的に考えてみましょう。たとえば障害特性によっては定期的に病院へ通わなくてはならず、落ち着いて仕事ができないということがあります。またたとえば夜寝ることがむずかしいなど生活リズムで困り感をもつ子どもは、家族も夜起きることになりますから体力や精神力が続かないということもあります。それ以外にも障害のある子を育てるのは手がかかり大変であるという社会的にネガティブなイメージから、育児との両立について職場からの理解を得るのもむずかしく、お母さん・お父さん自らが働くことをあきらめたりする場合もあります。むぎのこではそのような家庭などにヘルパーが入ったり、ショートステイを利用してもらい、夜寝るリズムをつけるなど家庭くらし部門のサポートもあります。しかしそれでも仕事を続けることがむずかしいお母さん・お父さんに、むぎのこで働いてもらうということを当たり前のようにしています。働いている時間、子どもはむぎのこで療育を受け、もし何かあればすぐに駆けつけられ、また同じ境遇のお母さん・お父さん職員がたくさんいますから行事参加のためのお休みなども協力的です。困ったときもお互い様、ちょっとした会話のなかから生まれる励まし合いも、むぎのこで働くからこそ生まれる安心感のひとつのように思います。そうすることで自然とお母さん・お父さんも力が湧いてきて、子どもも変わったりします。もちろんお母さん・お父さんのなかには福祉業界で働いた経験がない人もたくさんいます。だからといってドアを閉ざすのではなく、何かむぎのこで活躍できる方法はないか、働けるというお母さん・お父さんがいるたびにいつも考えています。

●ぶれてはいけない軸

このようにむぎのこで働く人はいろいろな背景をもち、さまざまな技術をもち、働くモチベーションもいろいろで、それぞれに個性的です。そのような人びとがどうして同じ組織のなかで共に働けるのか。それは特定の技術よりも大切にしている、むぎのこでは絶対にぶれてはいけない軸があるからです。それは「やさしさ」です。やさしさとは相手を思いやる気持ちなのか、相手の考えを尊重する姿勢なのか、はたまた自分のことを深く見つめることなのか。それは簡単に言葉で表せるものではありません。しかしひとつ言えることは、やさしさを大切にすることは、何かの技法をみんなで修得するよりもよほどむずかしいということです。だからこそむぎのこでは、現場で起こる心の動きに対してすぐに相談したりアドバイスできるような関係性を大切にしたり、人事制度の仕組みをつくりあげたり、時に専門家の先生を招いて知識としても学んだりと、「やさしさ」を何度も何度も繰り返し自戒を込めて伝え合っています。やさしさを大切にすることは、当たり前かつ簡単なことのようで、実はとてもむずかしいと伝える側として日々思うところです。しかしあきらめられません。なぜならば、この「やさしさ」はただのきれいごとではなく、子どもたち・利用者さんの人権に直接つながるからです。

たとえば、子どもが大人の言うことを一向に聞かないでみんなで叫び続けていたとしたら、どれだけの人が冷静を保っていられるでしょう。筆者自身むぎのこにいなければ、そのような状況に困り、焦り、次第にイライラして怒鳴ったり、そのとき芽生えた自分のネガティブな気持ちを子どもにぶつけることもあったかもしれません。そしてそれは暴力などのさらにネガティブな行動につながってもおかしくないでしょう。このように自分のネガティブな感情に任せた行動に「やさしさ」がないのは一目瞭然です。

しかし特に障害福祉の現場というのは、先に述べた例にあるような日々がむしろ当たり前で日常です。子どもたち自身の困り感や生きづらさ、寂しさや悲しさなどがわかりづらい子たちなのです。だからこそ「叫び続ける」という問題行動のようにみえる言動を、「自己主張ができるようになって叫び続けることができたのだ」などと肯定的に受け止めて、成長のエネルギーとして子どもたちに返していくのです。そして、「気持ちを教えてくれてありがとうね」、「何か困っているんだね」、「いつもと違うからちょっと緊張するよね」など、そのときの状況に合わせて声をかけていきます。このとき生み出されるのが「やさしさ」で、気持ちを受け止められている・受け止めようとしてくれているのだというやさしさに、子どもたちも安心していきます。子どもはありのままでいいのです。このように問題行動のようにみえる言動も「イライラ」ではなく「やさしさ」で向き合う、これがむぎのこのぶれることができない軸なのです。

ただし、もちろん私たち職員も感情をもった人間です。「あの人はやさしい人だ」といわれる人も、自分の心に余裕がないときに同じやさしさをもって人に接することは簡単なことではありません。たとえば反抗が大切な時期とわかっていても、ひとりで抱え続けるとそれは怒りになり、あるいは職員やパートさんの心の不調につながってしまいます。それでも子どもや利用者さんには、そのネガティブな気持ちを向けてはいけない、それがむぎのこにおけるプロフェッショナルとしての仕事なのです。そのためにむぎのこでは「助けを求める」ことを何よりも大切にしています。麦の子会の古家好恵統括部長は、「助けを求められるようになったら一人前」というくらいです。療育や支援に関する知識だけでなく、まわりからの助けやアドバイスを求める心、そして自分と向き合う心を育てる、これをむぎのこではとても大切にしています。これは特にアメリカにおいて臨床心理学を学んだ人が、カウンセラーとして育っていく過程にも似ています。筆者自身もアライアント国際大学・カリフォルニア臨床心理大学院で学びましたが、修了までにたくさんのロールプレイを通じて先生や仲間からアドバイスをもらい、並行して教育カウンセリングといって毎月カウンセリングを受け続けました。このようにして人に支えてもらいながらプロフェッショナルとして力をつけていく、これは対人援助職の特徴なのかもしれません。

また私たちのような対人援助職において、その質はどうしても個人によるところが大きくなります。それは福祉だけでなく筆者がこれまで働いてきた経営コンサルタントもそうですし、弁護士などのあらゆるプロフェッショナル職にも共通していることなのだと思います。だからこそ一人ひとりが迷わないように、やさしさとは別の方向に行かないようにすること、これがむぎのこのプロフェッショナル職として人を育てる大きな理由であり、大切なミッションです。そして言葉では言い表せない「やさしさ」という軸を大切にしているからこそ、むぎのこでは彩り豊かな人びとがお互いの個性を生かして働いていけるのです。

●深化のとき

しかし人を育てるということも、これまでのようにはいかなくなってきました。むぎのこが社会福祉法人となった一九九六年、約三十人の職員からスタートしたむぎのこでは、北川聡子理事長と古家統括部長が直接職員やパート職員にアドバイスをしてきました。アドバイスをしてきたというよりも共に歩んできたというほうが表現としては正しいかもしれません。このふたりが直接育てるという文化は規模が大きくなった今でも続いており、相変わらずふたりがみんなに目をかけながら、現場に出ては直接アドバイスして人を育てています。しかしパート職員を含め七百人を超える今、北川理事長と古家統括部長のふたりで細かく現場まで見るのには到底追いつかない規模になってきました。そのことからむぎのこでは、組織で人を育てるための取り組みを加速させていきました。たとえばこの本を執筆している二〇二二年度の人事制度三本柱は「人事考課」「研修」「スーパービジョン」です。
次にむぎのこのさらに具体的な人材育成の話をしていこうと思います。

二　むぎのこ人《びと》の育て方

人を育てるといっても、まず考えなければいけないことは、「麦の子会にはどのような人が必要なのか」、「どのような人を育てたいのか」ということです。もちろん「やさしさ」もこのひとつですが、むぎのこ全体をつくりあげるには現場における対人援助の仕事だけでなく、事務仕事などさまざまな裏方作業が必要になります。また求められるものは勤務年数や役職を重ねるごとにも変わってきます。

そこで、むぎのこでは経営層がたくさんの時間と心を割き、手塩にかけて内容を吟味しながら、「むぎのこではこのような人を育てたい」という幹部の思いが詰まった方針をつくりあげたのです。人を育てるうえでは、ただ人事考課や研修など「仕組み」だけがあればよいというわけではありません。どのような人を育てたいのかという大きな方針があって、そのうえで目的にそった人事制度を選んでいくという方法が、人事制度を設計するうえでは一般的です。一方でむぎのこには「まずは取り組んでみる」という文化もありますので、大きな方針が明示される前から研修やスーパービジョンなどには着手していました。むぎのこでは毎週のアンガーマネジメント研修など、細かいことを挙げれば切りがないほど、人材育成に時間を割いています。そのなかでも今回は三つ「人事考課」「研修（新人研修・階層別／年代別研修）」「スーパービジョン」についてご紹介します。

●人事考課

人事考課の目的は三つ、「期待されていることを知る」「自分自身を振り返り、できている点・改善点について上司と目線を合わせる」「専門職としての専門性を深める」です。

ひとつ目の「期待されていることを知る」というのは、そもそも役職ごとにどのようなことを求められているかという基準自体がこれまでありませんでした。それぞれの現場でそれぞれに感覚も含めて伝えていたことを、今回法人としての方針を打ち出すことになりましたので、とても重要な目的に位置づけています。人事項目や基準があっても職員が理解していなければ意味がありませんので対面での説明会を設定し、完成した項目を、まずはグループマネージャーに説明し、そして各階層へと順次伝えていきました。説明会での質疑応答では、「こういう表現のほうがわかりやすい」など現場からも複数意見があがり、その意見をもち帰り幹部で検討し、結果を反映させながら法人全体で取り組むことを大切にしました。

ふたつ目は、「自分自身を振り返り、できている点・改善点について上司と目線を合わせる」です。人事考課の最初のステップは「自己評価」です。人事考課はまずは評価項目にそって自己評価をしたうえで、上司（グループマネージャー）が管理職評価をつけます。そして最後に経営層（理事長、統括部長、ディレクター）が最終評価をつけて、その結果をグループマネージャーに伝え、グループマネージャーから個々人へフィードバックされ、次期目標設定をするという流れになっています。現場にいると日々が怒濤のように過ぎ去っていきますので、要所要所でひと息ついて自分自身を振り返るということ、これを法人としてとても大切にしています。自己評価も参照しながら日々の仕事を近くで見ている担当上司（グループマネージャー）が管理職評価をつけます。このとき自己評価と管理職評価が異なる点については、その後の経営層評価でも重要なポイントになりますので、必要に応じてヒアリングもさせてもらっています。そして最終的に経営層評価です。理事長、統括部長を含む全ディレクターが集まり、自己評価・管理職評価を参照しながら最終的な人事評価を経営層でしていきます。経営層は現場のことをわからないと思う方もいるかもしれませんが、かくいう（当時）入社一年ほどの筆者でさえも、入社直後に半年以上かけて一日一事業所というペースで全事業所・事務部門を見て回りました。一番の新人幹部である筆者でさえも全員と顔を合わせて話しているくらいですので、各部門のディレクターとなればなおさらです。このように経営層まで目線を揃えたうえで、職員一人ひとりの強みと改善点を整理していきます。

そして評価が決まったら最後の三つ目、「専門職としての専門性を深める」という目的が待ち構えています。評価して終わりではなく、評価結果を踏まえて各自深化するための次のステップにつなげていきます。自己評価・管理職評価・経営層評価を通じて個々の社会人・専門職としての課題が見えてきていますので、その課題をまずは経営層から各管理職に伝えて目線を合わせたうえで、管理職から一人ひとりにフィードバックをしていきます。そして各自課題を乗り越えるために、そしてより専門性を高めるために何をしたらよいのか、上司と話し合って目標を設定していきます。そしてここで立てた目標を次の自己評価でまた振り返り、管理職が評価し……と人事考課のサイクルがらせん状に続いていくことになるのです。

●新人研修（むぎのこキャンプ）

二〇二二年度は、初めて「むぎのこキャンプ」と称して一か月間の新人研修を導入しました。目的からカリキュラム、講師、講義内容にいたるまで、すべてが麦の子会オリジナルの手づくり研修です。研修の目的は左記五つに定めました。読んでいただければわかるように、まさに座学から実践にいたるまで幅広い目的・内容にしています。

①子どもや利用者さん、その家族に対して、相手の立場に立ち寄り添う気持ちをもって行動・発言する意識をもつ。
②職員・パートさんなど一緒に働く人たちに対して、お互いに尊重し合って支え合うチームワークの大切さとむずかしさを体感する。
③人権や虐待防止、安全のルールなど、プロフェッショナルとして最低限知り行動に移せない

といけない重要なことを理解し、身体で実践できる。
④愛着や虐待・トラウマの影響、障害特性など、むぎのこにおいてすべての支援のベースとなる専門知識を身につける。
⑤絵本やわらべ歌、季節の歌、掃除のしかたなど、むぎのこの伝統技術を体得する。

①はいわゆる倫理観の部分です。社会的な障害がある子どもや利用者さん、その家族と向き合う仕事ですから、他人を蔑《さげす》むのではなく尊重して共に生きること、これが何よりも重要になってきます。しかしそれは誰にでもできるわけではありません。そのため麦の子会ではどのような価値観を大切にしているのか、理事長や統括部長の話を聞く機会を何度も設けました。また実際に困り感を抱えているお母さん職員にも協力してもらいながら、自分たちが向き合おうとしている世界はどれほど深みがあるのかということを、感覚的にも感じてもらうという機会をたくさん用意しました。相手を尊重することと・寄り添うことは麦の子会の軸でもありますのでそのための講義ももちろん用意しましたし、この考えは支援のベースにもなっているため、これは結果としてですがどの講師の先生も図らずとも同じメッセージを伝えていました。

②はいわゆるチームワークです。療育や支援はチームワーク抜きには成り立ちません。しかし本章の冒頭でも述べたように、麦の子会では個性豊かなさまざまな人たちが働いていますのでチームワークも一筋縄ではいきません。それでもチームワークを楽しみながら大切にしてい

けるようにと、チームワークの楽しさとむずかしさを体験してもらうために新人を五チームに分けて研修最終日に「劇」を披露してもらうことにしました。「劇」のテーマは麦の子会が毎年幼児・学童でおこなっている伝統劇です。劇をやるということには伝統劇を習得してもらう、劇に出る子どもたちの気持ちを体験してもらうという意図も込めています。

いい大人がこの齢になってチームで劇をつくるなんて……と思う方もいらっしゃるかもしれません。当初新人たちも同じような感想をもっていましたが、実際に劇をやりとげたあとどのように思ったのか、体験者の声は本項の最後に掲載させていただきます。

③は座学を中心とした学びです。新人研修を組み立てた筆者の思いとして、新人には知識と実践を結びつける力を身につけてほしいと思っています。現場では身体で覚えることがたくさんありますが、それには、実は科学的根拠や深い歴史があること、何年かかってもいいのでそれを専門家として自分の言葉で伝えられる人になってほしいと思っています。そこで座学は段階を追って、まずはマクロの視点で憲法や条約・制度などについて学び、次にメゾ（中間）の視点でソーシャルワークや児童相談所などの社会機能、家族支援などについて学んでいきました。そして研修にも慣れてきたところで「大切なはなし」と題して子ども・障害者の権利や虐待防止、アンガーマネジメントを一日かけて学んでいきました。もちろんどれも一度で体得できるようなものではありません。だからといって伝えないのではなく、どの基礎的な知識も「まずは一度触れてもらう」ことを大切にしました。そして今回は触れませんが、むぎのこで

は毎週のように朝研修やアンガーマネジメントをしていますので、そのなかで何度も思い出し、最終的には自分のものにしてもらえるようにと思っています。

④は外部講師の方も招きながら座学中心に進めました。愛着や虐待・トラウマの影響、障害特性などというテーマは、実際に現場に出ないとなかなかピンとこないテーマです。しかしむぎのこで働くうえでは欠かせないテーマであり、まさに知識と実践を結びつけてほしいテーマです。もちろんまだ現場に出ていない新人にとっては、実践との結びつけまではいきませんが、その第一歩として、まずは知識に触れてもらうために目的のひとつに含めました。そしてこのテーマも③同様に、むぎのこで働くうえではさまざまな機会を通じて繰り返し触れるテーマとなります。とはいえある程度イメージができないと知識にもなりづらいので、講義のなかではできるだけ具体例（事例）を盛り込んでもらいました。基礎的な知識にとどめましたが、このテーマを大学で学んできた新人たちも、「ここまで実践的に学んだのは初めてだった」と目を丸くしながら話していて、具体例を通じて知識が実践に結びつく楽しさを覚えているようでした。

⑤は実技です。結果としてこの実技が一番新人たちを専門職として成長させたかもしれません。まず強調したいこと、それはむぎのこキャンプの冒頭講義は「掃除のしかた」だったことです。古家統括部長自ら教鞭をとり、実際の掃除用具を使いながら、ほうきの掃き方（掃く方向など）や雑巾のかけ方など、新入社員に対してとてもていねいに教えてくれました。環境整

備は療育・支援の基本中の基本です。心を込めてきれいな環境をつくること、これは理事長と統括部長が長年とてもとても大切にしてきたことです。その一環として麦の子会ではガーデニングを学び、季節ごとにきれいな花を咲かせて地域の環境整備にも力を入れています。そして年二回、職員や保護者も含めみんなで壁にニスを塗ったりペンキを塗り直したりとカーペンターズをおこなっています。それほど環境を大切にするトップの強い思いを新人にもしっかりと伝えること、これはむぎのこキャンプでは欠かせないことのひとつでした。統括部長の講義を皮切りに、そこから毎日一日の終わりは掃除と実技練習で締めくくる、これがむぎのこキャンプの伝統となりました。

掃除だけではありません。絵本の読み方ひとつでも専門性が問われるということをみなさんご存じでしょうか。集中が続かないという困り感をもつ子どもたちも楽しめるような読み方、これは練習しなければ修得できない人がほとんどです。そして絵本を読むうえで読み方以外に大切なことは、「子どもと一緒に絵本を見ている先生たち」の反応です。たとえば、「ドッボーン」と言いながらその場に子どもたちと倒れてみたりと、絵本の世界観をつくるのは読み手ではなくむしろ聞き手の先生たちなのです。このように言われなければ気がつかないちょっとした専門性や手遊び・わらべ歌・季節の歌なども、理事長、統括部長はじめ幼児部門のベテラン先生たちから直接教わっていきました。

このほかにむぎのこを知るための部門説明、社会人としてのスキルを身につけるためのパソコン講座や論理的思考講座、そして一週間が終わったら翌週月曜は振り返りテストをして学びを反復していきました。また新人研修で欠かせないのがホームステイです。ホームステイとは、むぎのこにある四つの基幹部門である幼児・学童・成人・家庭くらしの事業所に実際に行って体験してみるという取り組みです。新入社員はこのホームステイで初めて、実際に子どもたちや利用者さんとかかわることになります。ホームステイは知識として学んできたことを実践する機会であり、また現場で働くイメージをもつことや、いろんな部門の人に触れ合う機会となります。ホームステイは、概要説明↓現場入り↓振り返りの三段階で構成されています。まず各部門の概要説明や大切にしていることを現場管理職に聞きます。そのうえで実際に現場に入って、子どもたちや利用者さんとかかわりながらチームワークも体験して、自分のなかに芽生える戸惑いやむずかしさ、やりがいなどにも触れていきます。そして最後に教えてもらったことやチャレンジしたことなどを振り返る内観法を用いて、自分の心の動きに目を向けたり、むずかしいと感じた場面を取りあげて事実・主観で状況をとらえ直す練習などをおこないます。これは現場に出たあとに新人職員たちの助けにもなる働く姿勢であり、この三段階で進める方法は理事長の思いでもありました。新型コロナウイルスの感染者数拡大に伴い初年度のホームステイは途中で打ち切りましたが、年度途中の交換研修なども駆使しながらできれば全部門を一度は見に行けるようにしたいと思っています。

むぎのこ劇を終えての感想

○私たちが劇をやることも貴重な体験だった。子どもたちと同じ目線で同じことを経験することで学べるものもたくさんあった。私も役になりきろうとするもどこか自分の気持ちと葛藤しながら演じたりした。それと同様に子どもたちも自分の気持ちと向き合いながら一生懸命やっていることを自分自身、体で感じることができ、より子どもの気持ちに寄り添えると思った。

○日常の掃除や劇の練習を通して、ヨコのつながりを深めることができました。

○新人研修内でのグループ活動を通し、チームワークの大切さを学ぶことができ、ひとりでは気づけないことやできないことをチームから教わったり、チームだからできたことが多く、協力するという学びを、あらためて得ることができました。劇の発表に向けて、チームメンバーとの絆も深まり、同期として励まし合える仲間になれたことも、実りのある研修期間だったと感じます。

○いろんな準備や練習に大変だった劇も、子どもたちの学習発表会などでどんな意図があるのか、必要なことは何かを身をもって経験できたことは、とても大切な経験と思っています。

●階層別／年代別研修

新人研修のカリキュラムづくりがひと段落して軌道に乗ったあと、次に着手したのが階層別／年代別研修です。階層別／年代別研修自体は毎年おこなっていますが、二〇二二年度は人材育成における大きな方針を打ち出したところが例年と大きく異なっていました。この方針をうまく研修にも生かしていきたい、ただしこれには現場のグループマネージャー含む多くの人たちの理解と協力が必要でした。そのためにまず、人材育成方針の内容そのものではなく、「人を育てる文化をつくる」という人材育成方針をつくった姿勢そのものをグループマネージャーたちに理解してもらうことを目標にすることにしました。

階層別研修はディレクター中心に組み立てていきました。各階層に対してどのようなことを求めていきたいかという方針がすでにあるので、その方針にそったかたちでリーダーシップ研修を取り入れたりと研修内容を組み立てていきました。

今回特に挑戦したことは年代別研修です。年代別というのは、実はとてもむずかしい区切り方です。なぜなら各年代にはマネージャーもいればサブアシストもいる、はたまた保育士もいれば事務員もいるなど階層・職種ともに混在しているからです。そのためまずは年代ごとに担当グループマネージャーをアサイン（割り当て任命）しました。そして年代ごとの職員リストを各年代担当グループマネージャーに渡し、この年代を今年一年どのように育てていきたいか、人材育成委員会とグループマネージャーたちで話し合いました。これまではどちらかというとトップダウンで、理事長、統括部長が示した方針に従ってみんなで組み立てるということが多かったなかで、この年代別研修はボトムアップの考え方も取り入れることにしました。

「自分たちは部下をどのように育てていきたいのか」。各年代にはもちろん自分の部門の部下もいます。また部門以外であってもどの部下のことも考えて行動できるようになってほしい、そのような思いも込めて、グループマネージャーが担当年代の人材育成に責任感をもてるような構造に変えました。もちろん内容については引き続き理事長、統括部長のアドバイスをもらいながらです。それでも「各年代どのような悩みを抱えやすいか」ということについてグループマネージャーで意見を出し合いました。そうすると、「二年目はリーダーになる直前の人が多くてこういう悩みが出やすい」、「五年目以上はこういうことに悩んでいる」など、意見は止まることなく次つぎに出てきました。各年代は自分たちも通った道であり、そして日ごろ部下とコミュニケーションをとっていることもあり、グループマネージャーにはいろいろな思いがあったようです。さらには悩みを出すだけでなく方向性まで次つぎに提案する姿がとても頼もしかったことを覚えています。

このように新人だけでなくほかの職員に対しても、階層別／年代別研修などを通じて学ぶ機会をもつようにしています。このほかにも部門別のコンサルテーションがあったりと、知識と実践を結びつける機会がむぎのこでは比較的多く用意されているのかもしれません。

●スーパービジョン

しかし悩みというのは毎日出てくるものです。数か月に一回の研修だけではとてもカバーできません。そこで大切にしているのが現場でのコミュニケーション、いわゆるＯＪＴ（On the Job Training）です。麦の子会のＯＪＴは主に四つ。①個別スーパービジョン、②グループスーパービジョン、③親子発達支援（北川理事長、古家統括部長、武田心理相談支援部長が現場に入り、その後保護者のみなさんと発達状況や家庭での困り感についてお話する）、④クラス会議など日々の四つのコミュニケーションです。特にスーパービジョンは、子どもや利用者さんとのかかわりやチームワークのむずかしさなどあらゆる悩みを相談することはもちろん、うれしかったことを共感し合ったりと要するになんでも話せる場となっています。

かくいう筆者も人事施策をつくるなど裏方作業だけをやっているようで、実は幼児療育の現場に毎日出ています。子ども一人ひとりの発達特性やその日のコンディションなどをていねいに見極めながら集団のなかで個別にかかわる、個別にかかわりながら集団をつくっていく、これには悩みの連続です。このとらえ方でいいのか、この対応のしかたでいいのか、はたまた構造をすっきりさせるためにこうするのはどうかなど、話したいことは盛りだくさんです。あるいは子どもの食への関心が広がって手を伸ばすようになった、自分の気持ちが出てくるようになったなど、毎日のように起こる喜びと感動をみんなと分かち合いたいのです。筆者はスーパービジョンを待たずに毎日のコミュニケーションのなかで伝えてしまいますが、たとえば新人が、忙しそうなグループマネージャーに声をかけてこのような話をするのはハードルが高いです。そのためコミュニケーションをとりやすくするためにも、スーパービジョンをとても大切にしています。スーパービジョンがおざなりにならないように、フォローも人材育成委員会の大切な仕事のひとつと位置づけてみんなで確認するようにしています。

ここまでむぎのこの人事施策の三本柱である「人事考課」「研修（新人研修・階層別／年代別研修）」「スーパービジョン」についてお話してきました。各施策の具体的な取り組み内容についてはまた機会があればじっくりとお伝えできればと思いますが、今回はその背景にある思いについて少しでもご理解いただけたらうれしく思います。

三　むぎのこ人とは

むぎのこで働く人と働きについて、少しイメージが湧きましたでしょうか。むぎのこでは子どもたちや利用者さん、そして家族に真摯に向き合おうとする文化があります。また自分を知ること、それぞれの当事者性を大切にしています。その分、対人関係での悩みも多く、そして深くなります。その悩みをひとりで抱えるのではなくチームで共有すること、加えて一人ひとりの対人関係のスキルも上げていくことに、これからも試行錯誤しながら取り組んでいきます。

また専門性という点で一番力がつくのは、やはり現場での経験に尽きると思います。現場では日々本当に多くの努力があることも補足させてください。そしてとてもありがたいことに、むぎのこにおける取り組みが取りあげられることが増えてきました。そしてその取り組みの裏にいるのが、この章で光を当てたむぎのこで働く職員そしてパートさんたちです。本章の最初にお伝えしたとおり、むぎのこにはまるでオーケストラのように彩り豊かな人たちが働いていきます。当たり前ですが育ってきた環境や学んできたこと、体験してきたことは人それぞれです。支援される側からする側になった人もたくさんいます。その一人ひとりの個性を大切にしながら押さえるのではなく引き出す、そんな組織になっていきたいなと思っています。

第三部

支援の到達点

第九章

長期的な転帰
——むぎのこで育った若者たち

発達障害のあるなしにかかわらず、子育ての目標は「大人になること」であり、どんなにすばらしい療育であっても、どんなにきめ細やかな子育て支援であっても、子どものうちに結果が出るものではありません。短期的な「成果」、たとえば発達検査の結果とか、学校適応や学力のような具体的な指標は、療育や子育てのモチベーションにはなりますが、その一方で子どもの発達や成長の一側面ばかりに関心が向けられ、子ども自身の思いや希望が見逃され、その子どもらしい生き方ができなくなってしまうこともあります。

とはいえ、子どもが大人になるまでの道のりは長く、幼児期から成人期まで一貫して育ちの支援を見届けることは簡単なことではありません。そのため、発達支援の成果については短期的な評価がほとんどで、どんな大人として生きているのかという長期的な転帰については、十分に検討されてきていません。大人の生き方は多様なので、やはり学歴や就労のような画一的な指標だけで評価されるものではなく、最終的には「自分らしい生き方」「ウェルビーイング」

というような、とても抽象的なものにならざるをえませんが、それでもここに目を向けなければ、今している支援の方向性は見えてきません。

子どもの成長に合わせて幼児期から学童期、思春期から成人期へと支援を拡大させながら、子どもたちと家族の成長を支援し見守ってきたむぎのこには、すでに自立した大人になって「自分らしい生き方」をしている人たちとのつながりが続いていて、そこから支援の長期的な転帰を見ていくことができる支援の蓄積があります。本章では、むぎのこの支援のなかで育った「元子《もと》ども」たちの声を聞きながら、むぎのこの療育について振り返ってみます。

一　それぞれの自立

一人ひとりの育ちや生き方が多様であるのと同じように、発達障害の子どもたちの育ちもけっして画一的なものではありません。療育プログラムや特別支援教育の制度が普及してきたことで、発達障害のある子どもが育つ「標準コース」のようなものがあるように思われるかもしれませんが、発達障害に固有の（「正しい」？）生き方があるわけではありません。そして、一人ひとりの大人としての自立もさまざまで、就労や生活状況だけで判断されるものでもありません。ここでは、むぎのこで育った若者たちのそれぞれの自立へのストーリーと思いを紹介します。

リカさん（二十七歳）

【生育歴と支援経過】

一歳十か月で、目が合わない、人に興味をもたない、言葉がない、表情がない、笑わない、泣かない、怒らないということで、保健センターの紹介で児童精神科を受診し、自閉症と診断されて、むぎのこに通園するようになりました。二歳になって単語、三歳で二語文が出るようになり、四歳になって表情が出るようになりました。五歳から言葉が増えましたが、応答関係がむずかしい会話となり、それは現在でも残っています。知能検査ではＩＱが高く、小学校には普通学級で就学しましたが、学校でパニックや叫ぶことがありました。

小学校二年生で不登校になり、むぎのこの近くの小学校に転校し、放課後はむぎのこ発達クリニックのデイケアを利用していました。中学校でも不登校になり、パニックや叫びがひどくなり、二年生から特別支援学級に入級しました。小学校六年生のときに「自分の目をくりぬきたくなる」と訴え、主治医からリスパダールが処方されましたが、中学校三年生になって自分から主治医に薬をやめたいと申し出て、徐々に減らしてやめることができました。

高校はむぎのこの仲間たちと北星学園余市高等学校（以下、北星余市高校）に進学しました。学校でパニックにならないように頑張って卒業し、絵の勉強をしたいと希望して大学の芸術学部に進学しました。大学卒業後、むぎのこに就職して生活支援員として働いています。就職の一年後には実家を出て一人暮らしをはじめました。

【高校卒業後の様子（本人の語り）】

高校は先生に助けられながらなんとか三年間送ってたんですけど、卒業後は絵の学校に行きたいと思って最初は専門学校を受けようとしたんですけれど、北川理事長に「四大でのびのびやったほうがいいんじゃないか」って言われて、家から通えるところの大学に進学しました。

大学に入ってからは、スワンカフェ（以下、スワン）とかグループホームでバイトさせてもらいながら、むぎのこの外の世界を存分に味わった感はありますね。といっても買い物とか買い食いとかするだけなんですけど、むぎのこの外の世界ってすごい新鮮でした。

スワンでバイトしたときは仕事も全然覚えられなくて、店長とかシマダさんとかにすごい迷惑かけちゃったかなって思います。ちょっとうまくいかないことがあると、人を悪者にする癖がついてたと思うんですよね。だからいろんな人に店長の悪口とか愚痴を言いまくって、そのとき「そんなことないでしょ。店長いい人だよ」って言われたら、「あっ、こいつ私の味方してくれないんだな」みたいなのはありました。なんかわかってもらえなかったなとか、わかってもらえるように話せなかったなと思うんです。とにかく自分の気持ちを吐き出したくて、どうやったらわかってもらえるかにまで、気持ちが回らなかったんだと思います。

それでスワンの仕事もグループホームのパートもほとんどよくわからなくて、世話人室に布団を敷いて横になりながら仮眠するふりをしてスマホでゲームやったりしてました。本当にスワンでは仕事できないし、グループホームではほとんど仕事してないしで、「あれ、こんなんでいいのかな」って感じがありました。それでもちゃっかりお給料はもらって、贅沢させてもらってました。

大学二年の年末に、接客中に思い出し笑いをしそうになっちゃうという理由でスワンのバイトを辞めました。それからしばらくグループホームのバイト代だけで過ごしていました。スワンで働いていたときは、グループホームの（収入）と合わせて、月五万くらいは稼いでいたんですけど、スワンを辞めてからは、グループホーム週一だけで、月二万とかで生活してました。生活といっても実家暮らしだったので、それほど痛手じゃないんですけれど、やっぱり自由に使えるお金が少ないなとは思いました。西友でいつも安いカップ麺ばっかり買ってお昼を過ごしていました。「このカップ麺、イオンより安い」と思って楽しかったです。お金はないけれど大学時代は楽しかったと思いました。

それでなんやかんやありまして、古家統括部長からむぎのこで働いてみないかと誘われて、「どうせ就活してもうまくいかないだろうな」と思って、「むぎのこで働かせてもらおう、むぎのこくらいしか採用してくれるところはない」って言ったらむぎのこの人に失礼になっちゃうんですけど、秋に採用試験を受けて見事内定をいただきました。それで年が明けて二月、三月にジャンプレッツ（知的障害者通所更生施設）にインターンで入らせてもらって、大学卒業した四月にトリニティに無事入社させていただきまして、今支援員として、自分のやっていることがちゃんと支援になっているかどうかわからないんですけど、なんとか働かせていただきしがみつかせていただいている感じです。

【現在の様子（本人の語り）】

むぎのこの生活介護事業所トリニティで働いて六年目。仕事中にパニックになることがありましたが、半年くらい前からはなくなってきました。でも、まだ仕事に自信がもてないことも多く、子どものときからお世話になっていた北川理事長や古家統括部長に愚痴を聞いてもらいながら頑張っています。

就職して一年目の終わりに部屋を借りて一人暮らしをしています。貯金がないと不安になるので節約して貯めています。一番の楽しみはアマゾンで好きな食べ物を買うこと。

仕事には前向きで、定型発達の人と同じだけの働きができるように努力しています。また、現在は運転免許取得のため自動車学校に通っています。

カンタさん（二十四歳）

【生育歴と支援経過】

一歳半健診のとき、目が合わない、人に興味をもたない、言葉がない、泣いてばかり、多動などがあり、保健センターから紹介され、児童相談所で発達検査と医師の診察を受け、言葉の遅れがあるのでさっぽ・こども広場に通うように勧められました。その後、通所施設に通うように勧められ、二歳三か月からむぎのこ児童発達支援センターに母子通園をはじめ、このころに児童精神科を受診して自閉症と診断されました。

三歳で言葉が出はじめましたが、はっきり話した初めての言葉は車の「ベンツ」で、車輪が大好きでした。五歳のときに両親が離婚したあとに急に言葉が増えはじめ、半年後に父親と面会したときに、「うれしいときにも涙は出るんだね」と言って泣きました。

小学校は普通学級に就学し、はじめの半年間は母親が送迎しましたが、その後は担任の支援もありひとりで登校するようになり、放課後はクリニックのデイケアを利用しました。三年生でパニックが増え、天候によりプールが中止になるような、急な変更に弱いところが目立ち、月に一日くらい学校を休んだりしていました。四年生から学校の友だちと遊ぶのがむずかしくなり（こだわりやパニック）、五年生から六年生にかけて不登校になり、むぎのこのデイサービスで過ごし、学校には参加できそうな行事のときだけ登校していました。

中学校も普通学級で進学しました。入学式に遅刻して注意されたことをきっかけに不登校になりましたが、高校に進学したいという希望から二年生の三学期から再登校しました。偏食で給食がトラウマになっていたので、お昼にいったん帰って午後から再度授業を受けていました。第一希望の高校に不合格になり、北星余市高校に進学を勧めても本人は拒否し、むぎのこの放課後等デイサービスで学習支援を受けました。翌年、再度受験して第一希望の高校に進学しましたが、二学期から不登校になり、北星余市高校に転校し十九歳で卒業しました。

学校推薦で札幌の大学に進学しましたが、五月の連休明けからうつ症状が出て、登校しても教室に入れなくなり、不登校状態になりました。本人も通うのは無理ということで退学し、むぎのこの就労支援事業に通いはじめました。職員の送迎で通いはじめると元気を取り戻し、むぎのこで働きたいという気持ちが強くなり、保育専門学校に入学。グループホームに入所し、むぎのこの職員の助けも借りながら卒業し、保育士の資格も取得しました。

二十三歳でむぎのこに就職し、放課後等デイサービス事業所で働いています。また、むぎのこに通っていた幼児期からバスの運転手になりたいと言っていた希望どおり、中型免許を取ってむぎのこのマイクロバスを運転する業務もさせてもらうようになりました。現在は、グループホームを出てアパートで一人暮らしをしています。

【高校卒業後から現在まで（本人の語り）】

大学目指して良かったなあと思ったんだけど、まあなんていうのか、あまり人間関係良くなかったから。「常識ないね」って言われたら、「常識ないです」って言えちゃうくらい常識ないから。

大学の対応はすごく良くて、担当の先生もすごい気を遣ってくれて運が良かったんだけれど、やっぱり先生との距離感がすごいあって、なかなか話しづらかったりとか、まわりの生徒も工業系の高校を出て来ている人たちだから、もうすごい。もちろんエリートじゃない人もいるんだけど、計算とか頭でパパパって「あ、これね」とか、そういうのを見ていくと自信がなくなっていった。やっぱり振り落とされるっていうか、単位とか取れないんじゃないかなっていていうふうになってくると、どんどんうつっぽくなっていって、学校行けずに、じゃあ辞めようかなと思い、「もう行かないわ」ってなりました。

大学辞めてどうしようかなと思ったときに、「まあ就労（支援施設）行くか」みたいな。でもそれがすごい良かったのかなって、自分の高すぎるプライドをいったんリセットできたのかなって。一回大学に行けた奴が、なんでまた利用者に戻んなきゃいけないんだみたいなのがあって、最初はすごい葛藤したんだけれど、それが逆に良かったかなって。自分が普段かかわっているのは幼なじみが多いけど、就労では精神疾患をもった人やうつ的な人もいて、今までとはちょっと違う人たちといっぱい話したりとか、ミカコさんとかコズエさんには話して慰めてもらって、ちょっとうつ系っていうか、プライドが治っていって、そこで精神年齢がちょっと上がったのかなと、今思えばそう思うかな。そこでやっぱりプライドは捨てるっていうことを覚えた。

今でもプライドが高いと言われたら「そうですね」って言うんだけど、「プライドを捨てたほうがいいよ」みたいな雰囲気が感じ取れてすごい良くなって、メンタルクリニックに行きつつ、専門学校に幼なじみと一緒に行くことにしました。もちろん人間関係ができないから、すぐに友だちができるわけもなく、結局友だちは最後までできなかったんだけど、それを全部自分が悪いなって。挨拶とかしてきても、最初のころはうつ気があってなかなか挨拶が返せなくて、相手から見たら、「なんで挨拶したら返してくれないんだ」ってなって、勇気を振り絞って挨拶すると、「なに？・」みたいな、「普段挨拶しないくせに」とかすごい冷たい感じで言われて。まあそれは自分がかかわりが下手っていうか、やっぱり小学校もほとんど行ってないし、幼なじみ以外に人間関係をなかなかつくれなくて、しかも幼なじみの人間関係っていっても、カンタはこういう人だから、こうかかわったらいいんじゃないかって、相手が考えて気を遣ってくれるからかかわれているんだけれど、いまだに自分はやっぱりすごいかかわりが下手だなって。

専門学校はいろいろありつつも卒業して、保育士の資格を取ってむぎのこに就職することになったけど、やっぱり人間関係ですね。なんでここまで人間関係下手くそなんだろうなって。今年も新人の職員が入ってきて話したりするんだけど、心の奥のどこかでは（うまくやっていくのは）無理だなっていう、「この発言をしてしまったらダメなんじゃないか」とか、すごい恐怖心を抱えながらかかわっている。だからちょっと疲れちゃうなっていうのはやっぱりある。

【夢に向かって（本人の語り）】

むぎのこに就職して働きつつ、バスを運転したいっていう夢を叶えたいなと思っています。大きい車が好きだったから。むぎのこに就職しなかったら観光バスかトラックの運転手になろうかなって思っていたくらい。それで免許を取りに行ったんだけど、やっぱそこが精神力がちょっとだけ上がるのかなって思ったポイントだったんだけど、やっぱり厳しい。学校に慣れないから、自動車学校だから。そこの葛藤というか、先生もすごく厳しくて、すごい愛がある厳しさだったのかなと思うけれど、やっぱり自己肯定感がないから心がすぐ折れそうになっちゃう。まあそんな感じでつらかったんだけど、なんとか中型免許を取って一年になりました。小さいころからのバスの運転手になりたいという夢は、九割方達成したかな。でも、本当は大型に乗りたいと思っています。

二　働きはじめた若者たち

むぎのこは発達に心配ある子どもたちが幼児期から通所して成長していくところですが、そこを経験してきた子どもたちが成長してどんな大人になったのか、むぎのこの療育や支援を受けてきた当事者の視点でみていきたいと思います。そこで、幼児期からむぎのこに通園して、現在はむぎのこの職員として働くようになった三人の若者たちから率直な思いを聞いてみました。

ユリエさん、チサトさん、タクミさん

【二十三歳になった今の生活】

――それぞれ今の生活、二十三歳の大人としてどんなふうに生きているのか聞かせてください。

ユリエ：高校卒業して大学に入ったけど一年で辞めて、その後保育の専門学校に行って、二年で卒業してすぐむぎのこに入りました。むぎのこでは幼児の一、二歳児にかかわっています。

去年の三月から一人暮らししてます。一人暮らしはすごく快適です。実家で暮らしているときよりもストレスを感じなくて、自分がやりたいように生活できて、精神的にも安定して生活しています。休みの日には、友だちと遊びに行ったりとか、ドライブに行ったり、好きなことはたくさんやれています。友だちと家で一緒に飲んだりとかもします。

チサト：私は高校卒業してから大学に行って四年で卒業して、今年の四月からむぎのこで働きはじめて、今は三、四歳児のクラスを担当しています。仕事は最初はわからないことだらけで、気がついたら一日が終わっていたんですけれど、楽しいなっていう感じが増えてきた気がします。　去年の春、大学四年生のときから一人暮らしをしています。

タクミ：高校卒業して大学入って、違うかなって辞めて、また大学入って、でもやっぱりいいやってなって、どうしようかなと思った結果、むぎのこに就職しました。むぎのこのサヤさんが短大を卒業して、（彼女の就職の）時期がかぶって、サヤさんに「働けば」って言われて、特にやりたいことはなかったんだけれど、もういいかって、むぎのこに入りました。今三年目になりました。　仕事は十二時半から放課後等デイサービス、夜は学習指導で午後九時半まで、小一から高三の子と過ごしています。　仕事が終わって家に帰るのは十時くらいになります。

今年から一人暮らしをはじめました。それもちょっといろいろあって、三年前にとりあえず実家を出たかったから出てシェアハウスに入って、そのシェアハウスが使えなくなって、次の年に別なシェアハウスに行って、今年やっと一人暮らしをはじめました。三年で三回引越しました。楽しみはカードゲームが趣味で、もう十年以上しているんだけど、昔の小遣いでつくれなかった高いデッキ（カードゲームのカードセット）もつくれるようになって、かなりグレードが上がりました。

【むぎのこでの生活（思い出）】

――みんなそれぞれ今の生活に入りましたが、むぎのこの生活がどんなふうに今の生活につながっているのか、むぎのこの思い出や印象に残っていることがあれば、それぞれ教えてください。

チサトさんはきょうだい支援としての利用で、チサトさん自身は発達支援という感じではなかった？

チサト：小学校五年生のときに不登校になって。療育手帳をもっていたときもありました。でも、中学校からは行ってます。

――じゃあ、期間限定障害児だ。むぎのこではみんな同じクラスでやってたの？

チサト：むぎのこではみんな同じクラスです。

――何人くらいの仲間だったの？

タクミ：十四、五人かな。

――結構むぎのこで過ごした感じが強い？

チサト：そうですね。

タクミ：行事過多だったね。毎週なんかやってたね。一、二週空けてほしかったわ。毎週はしんどい。

――むぎのこに来て何してた？

チサト・ユリエ：何してたんだろう。

――ユリエさんは学校に行っていた？

ユリエ：学校はほとんど行っていないです。小学三年生からほとんど行っていないです。

――それじゃ、朝からむぎのこ？

ユリエ：朝から夕方までむぎのこでした。

――そこでどんなことをしてたの。

ユリエ：勉強と外活動とか奉仕活動。近所のゴミ拾いに行ったりとか。

――タクミくんは、学校は？

タクミ：大学以外は全部行っていた。

――ユリエさんはなんで学校行かなかったのかな？

ユリエ：なんだろう。今思えばその環境にいることがしんどかったのかも。人の気持ちを表情で感じ取っちゃうようなのがあって、情報量が多すぎて。今思うとそうだったのかなって。

その場にいるのがしんどかったのかなって思います。勉強とか別にいやじゃなくて、好きだったんだけど、人間関係が……

――小学生のときからそれが苦しかったんだね。

ユリエ：はい。

――むぎのこは、そういうところは楽だった？

ユリエ：楽だった。

――それは人数の問題なのか、まわりの子たちの質的なことなのか。

ユリエ：まわりの子たちの質の問題なんだと思います。

――集団としては居心地がよかったのかな？

ユリエ：小さいころからずっと一緒にいて別にそんなストレスたまったりすることなかったけど、学校の人たちはもともと知らない人たちだから、なんか人に合わせるのも嫌だったりして。

――自分の居場所だったんだね、ここが。いろんなこともやれた？

ユリエ：はい。

――得意なことは何だった？

ユリエ：得意なこと……わりと活動的っていうのと、リーダーシップというか、わりとみんなをまとめてきたっていうか、計画を立てたりするのが得意でした。

――ユリエさんが言ったら、みんな「はい」って。

ユリエ：みんなそんなにやる気なかったというか。

チサト：「それでいいよ、それでいいよ、そうしよう」って。

――合わせるタイプ？

タクミ：「よろしく」っていう感じ、「やっといて」って。

ユリエ：みんなやらないからやるかって。

――動かさなきゃみたいな感じなのね。じゃあ、あんまり反抗しなかったの？

タクミ：反抗というよりも、モチベーションがなさすぎて、「つくってもらったやつでいいです」って感じ。

ユリエ：けど「これでいいかな」と、こっちも聞いたりして、そしたら、みんなも「いいよ、いいよ」。

タクミ：「じゃ、それで」って。

――学校行っていない人たちは何人くらいだったの？

タクミ：一学年十人くらいだけど、半々くらいだったと思う。

――タクミくんは学校に行きたいわけではないけれど、親のいるところでずっと朝から夜までいるのが嫌だったんだ。

タクミ：それが嫌だったのかもしれない。

――それが学校に行かせるモチベーションになっていたんだ。
タクミ：それもあると思う。
ユリエ：合宿して、いろんな先生に勉強教えてもらったり……
チサト：いろんなところに旅行にも行ったよね。

【むぎのこって何？】

――みんなは今は職員としてむぎのこで仕事しているけれど、子どものころはむぎのこに来ていて、「むぎのこって何？」って言われたらどう説明できただろうか。
ユリエ：なんとなくそれ考えてた。「表せないよね」って話してたような。
――北星余市高校に行っているとき、同級生なんかにも、むぎのこってなかなか説明しようがないと思わなかった？
ユリエ：思いました。
――「むぎのこから来ました」と言って、「それ何？」って言われたときにどう伝えるか。
タクミ：う〜ん、ひまつぶし？
全員：（笑い）
――あえて言うとしたら、たとえば塾みたいなところかな？
チサト・ユリエ：ちょっと違うな。

タクミ：勉強好きじゃないし。
チサト：ひまつぶしが一番ふさわしい。
――毎週何曜日に何時から何時まで行くという場所ではないよね。だけどほぼ毎日行っていて。居場所みたいなものかな。タクミくんの場合は毎日学校に行っているから、学校が終わったあとの居場所になって、チサトさんは学校行っているときもそうだったの？
チサト：学校、行ったり行かなかったり。
――学校行った日は、学校が終わってからむぎのこに行くのは嫌だなと思わなかった？
チサト：行きたくないときが多かったかもしれない。勉強させられると思ったら行きたくない。
――むぎのこは勉強する場所みたいな感じ？
チサト：まず宿題終わらせてからじゃないと遊んだらだめって親に言われてて。やりたくないからゆっくり歩いて帰ったりとか。
――ちょっと抵抗してたのね。
チサト：うん、そんな感じでした。
――親はむぎのこに行けっていう感じだったの？
タクミ：行ってた人、みんなそんな感じだったと思うけど。
――楽しいからみんな集まるっていう感じでもないんだ。
チサト：小学生のときはあまり行きたくなかった感じ。

――生活の一部だったみたいだね。

【むぎのこの仲間たち】

――みんなそれぞれの生き方をしながらむぎのこで共通のつながりがあって、それがとても強くて深いという感じですね。

ユリエ：なんかこれが当たり前になっているみたいな。

チサト：幼なじみ？

――タクミくんにとってむぎのこの仲間っていうのは？

タクミ：う〜ん。

――この前みんなの引越し手伝ってあげたの？

タクミ：何人か手伝った。シュウゴの引越しのときは、早めに行こうと思ったら寝てしまっていて、夕方行ったんだよね。時計設置して家具をひとつ組み立てただけですね。

――そんなことでも一応仲間外れにならず、やれているっていうことだよね。

タクミ：引越しそばはしっかり食べました。天ぷらもおいしかったです。

――みんな懐が深い。タクミくんの使い道とか、彼なりの良さがあるのかな。

ユリエ：気持ちが沈んでいるときにタクミに会ったりするとポジティブになれるっていうか、いい気分にさせてくれるっていうところがある。「考え込まなくていいよ」の雰囲気でかかわってくれるから。

タクミ：今、めっちゃいいこと言われてるの。

ユリエ：去年はひとりで沈んでたりしてたら、カレンが来てくれたりとか、タクミは「どうしたの？」って言ってきてくれたりとか。

――そういうことは、小さいときから助け合ってきているところがあるのかな。自然にそれができているのかもしれないね。タクミくんは、今中学生とか高校生を相手にしていて、自分がこうやってみんなとしてきたことが、中学生、高校生の指導で役立ってる？

タクミ：う〜ん。でも私より勉強できる職員が多いので、気持ちを聞いたりすることが多い。

――そういうところがタクミくんの強みになっている。

タクミ：私は英語が全然わからないんですよ。正直英語を聞かれても本当にわからなくて、答えるときは答えを見てわかっているから説明するんだけど、勉強はほかの人が私よりできるから、結構話聞いたりとか、そういうのが多いなっていうのがある。

【むぎのこで育ってきて今思うこと】

――むぎのこで育ってきて今どう思いますか？　むぎのこってなんだったんだろう。

ユリエ：むぎのこで育ってきたからこそ、こうやってなんでも言い合える友だちとか、話聞いてもらえる友だちとかいるのかなって思います。

チサト：う～ん、ふつうに大学にも行って、ラクロスの友だちもいるし、学校の友だちもいるけど、こっちに帰って来たというか、やっぱりなんか、なんだろう、よくわからない。

――どうしてむぎのこに就職したの？　一般就職もあるじゃない？

チサト：実習はほかのところにも行きました。最初は（保育士の）資格取ればみたいな感じで、本当は取りたくないけれど行かされたっていうか、親に大学行くなら資格取りなさいって言われて、半ば無理やり行くことになって行ったんですけど、なんか自分のなかで違うなっていうのがあって、ユリエとか働いているのもあって、やっぱりむぎのこで働きたいなって思ってました。

――他所《よそ》はどこが違うの？

チサト：なんかちょっと自分ぽくないっていうか。素でやれないっていうか、やらされてる感というか、決まっていることをやっている感じがあって、めっちゃ作り笑いして、気持ちまで作り笑いするくらいの感じで、頑張ったんだけど違うなっていうのが自分のなかにあって、みんなと働きたいっていうふうに思いました。

――むぎのこだと素に近いっていう感じ？

チサト：そうですね。なんかまわりの人もみんな働きはじめてて、話を聞いてたりとかしてたら楽しそうにやっているなっていうので、なんかいいなって。

――タクミくんは、なりたいものとかなかったの？

タクミ：やれば天才っていう感じじゃないんだけど、意外とやればできてたんだけど、別にやりたいことは何もなかったんだよね。

――やる気がないというのが特徴なんだな。

タクミ：やりたいことも特になくて、趣味はいっぱいあるんだけど。仕事となると特にやりたいこととかなくて、どうすっかなって思った結果、サヤがむぎのこに入れるってなったから、ヌルって入って、仕事大変だわと思っているんだけど。就職試験でもやっぱり働きたくないんだよなって言ってたり、働きたくないんだけどまあ頑張りますみたいなスタンス、そう言ってたしね。

――むぎのこの児童発達支援を利用して大人になって、一応かたちとしては就職して一人暮らししてるわけだけども、ひとりの大人として通用する人間になっていると思いますか？

ユリエ：あまり思わないかもしれない。

――足らないところがあるとしたらどんなところ？

ユリエ：人に意見言えない。

――タクミくんはこの先何かプランがある？

タクミ：う〜ん、その日暮らし？　そのつど。

――そのつど？

タクミ：見通しないんで、私。

——それが君らしいかな。

タクミ：さっきユリエからもあったみたいに、「あっ、しけたツラしてるな」と思って話しかけることがたしかにあったり、ブラックベリー（放課後等デイサービス）でもそういう子がいたりして、「こいついじけてるな」って思う子に声をかけたりとかはよくしてるかなと思う。そういうところで頑張っていこうっていう感じです。そんな今日このごろ。

——ではそんなところで。今日はありがとうございました。

三　発達障害と共に生きる——むぎのこ式発達支援の考察

コミュニティの一員になる

発達障害の有無にかかわらず、子どもの育ちのゴールは「自立」、すなわち親や養育者などから独立して自分の力で生きていけるようになることであり、一般的には学校教育が終わった時点での自立の達成が期待されています。現在では、ほぼすべての子どもたちが高校などに進学するようになり、さらには大学や専門学校に進む人も増えているので、自立のタイミングは遅くなっていますが、二十代の前半での自立が目標になっています。

「自立」といってもさまざまで、何をもって「自立」というのかは、はっきりしないところがあります。児童福祉や障害福祉の支援においては、自立は就労と住居に集約され、高校や特別支援学校を卒業するときには、就労支援や生活支援が大きな課題になります。その意味では、ここで紹介したむぎのこの若者たちはいずれも二十代で仕事に就いて、実家を出て生活するようになっているので、発達支援の目標を達成しているといえます。

しかし、むぎのこの若者たちの「自立」は、むぎのこの支援のなかでの「自立」であり、社会での「自立」とは少し違うような違和感をもたれるかもしれません。リカさんやカンタさんは、自分たちのことをよく知っているむぎのこだから雇用されているのであって、むぎのこ内での自立にすぎないようにもみえます。ユリエさん、チサトさん、タクミさんは、むぎのこに甘えて依存しているように思われるかもしれません。

たしかに、子どもの成長に合わせて必要な支援プログラムが用意されているむぎのこの発達支援のなかで育った若者たちは恵まれているかもしれませんが、そもそも「自立」とは誰の助けも受けずにすべてを自分の力だけでできるようになることではなく、支援や配慮を受けることが自立と対立するものではありません。必要な支援を受けながら生きていくことも自立の重要な要素であり、そのためには人とのつながりをもち続けることが大切です。単に仕事に就いている、一人暮らしをしていることだけが自立ではありません。

障害福祉では「地域で生きる」ことがとても大切にされています。ここでいう「地域」とは「施設」との対極として生まれたものですが、必ずしも物理的な居住条件ということだけではなく、人とのつながりや社会活動なども含めた概念でなければなりません。そのような意味では、「地域」というよりも「コミュニティ」という表現が適切です。たしかに、「地域」で暮らす障害者は増え、それを支える支援も充実してきましたが、まだ「コミュニティ」にまでは発展しておらず、現在も課題として残されています。

むぎのこの場合は、ほとんどの支援や活動がおよそ一キロメートル四方の範囲のなかにあり、まさに地域に根ざした発達支援ですが、利用者や家族だけでなく、支援者や地域の人たちとのつながりがあるコミュニティが成立しているのが大きな特徴です。発達支援のなかで、家族支援や子育て支援にも力を入れてきた結果、むぎのこ自体がひとつのコミュニティに発展し、そこで支援を受けてきた子どもたちがコミュニティの一員として生きています。

つまり、一人ひとりの発達支援というだけでなく、むぎのこ自体がコミュニティとして発展したことで、そこで育った若者たちの自立が達成されているのです。生まれ育ったところから出ていくことが自立とはかぎりません。存在と役割が確かになることが自立の本質であり、子どもたちの自立の受け皿となるコミュニティをしっかりと守り育てることが、むぎのこ式発達支援の土台になっています。

集団療育

むぎのこの発達支援は、一〜二歳児のプレむぎのこからはじまり、児童発達支援、放課後等デイサービスへとつながり、十八歳以降は成人の障害者支援に移行し、ライフサイクルを通した支援が提供されています。ともすれば年齢で規定されるサービス制度のために、支援の場や支援者が変わることがありますが、同じ法人による支援が同じコミュニティのなかでおこなわれていることで、まさにシームレスで途切れない支援が実現しています。

また、就学後は子どもたちの生活は学校が中心になるため、発達支援も学校教育が主体となり、放課後等デイサービスなどの支援は補完的な立場になりがちです。この点についてもむぎのこは独特の対応をしてきていて、学校に行けない子どもたちのためにフリースクールを立ち上げて、支援を続けてきました。結果的に、子どもたちが安心して過ごせる場で、一貫した支援をおこなうことが可能になり、それはカンタさんやユリエさんたちの世代にも引き継がれ、たとえ不登校で学校から離れたとしても支援が途切れることなく、成長する機会を保障しています。

実際の発達支援では、幼児期には言語やコミュニケーション、運動機能などの発達を促進する具体的なプログラムがあり、目に見える支援がおこなわれますが、学齢期になり、さらには思春期に入ってくると、より複雑なコミュニケーションや社会性の発達が課題となり、支援の方法も多様化し、具体的なかたちが見えにくくなります。しかし、どのような支援をするかにかかわらず、もっとも基本になるのは安心して過ごせる場、いわゆる「居場所」であり、それこそがむぎのこ式発達支援の重要な要素になっています。

実際に、チサトさんやユリエさんは不登校だった時期には、毎日むぎのこで過ごしただけでなく、学校に行っていたタクミさんも学校が終わってからむぎのこで過ごしたように、小学校から高校にかけてむぎのこで仲間たちと一緒に成長しています。もちろん、子どもたちだけで過ごしているのではなく、むぎのこの職員がしっかりとかかわって指導しているので、やりたい放題にさせていたわけではありません。しかしながら、そこでおこなわれていた活動は、療育というよりは、まさにフリースクールというのがふさわしいもので、発達支援としては説明しにくい面があります。

むぎのこでの過ごし方についてユリエさんが、「勉強と外活動とか奉仕活動。近所のゴミ拾いに行ったりとか」と述べているように、さらには合宿したり、旅行に行ったり、タクミさんが「行事過多」と言うほどに活発に活動しています。また、スケジュールは構造化されているわけではなく、子どもたちが自主的に計画したり、あるいは「今日はいい天気だから海に行こう」と突然予定を変更することもあったりしましたが、いつもみんなで（個別ではなく）活動してきました。

幼児期からほとんどの時間を共に過ごした仲間たちとのつながりは強く、気の合う友だちというよりも、気を遣わなくても素のままの自分でいられる家族のような、さらには家族以上に安心できる関係性となっています。この関係性をカンタさんは「幼なじみ」と呼んでいますが、この関係性のなかで、それぞれが成長し、自分らしい生き方を見つけていくことを可能にしたと思います。

このような関係性の構築も、むぎのこの発達支援の大きな特徴です。その意味で、むぎのこの発達支援は個別プログラムによる療育というより、集団療育モデルといえます。そして、この集団療育を支えてきたのもむぎのこのコミュニティであり、単なる療育プログラムとして切り取ることはむずかしいと思われます。

生きる支援

発達障害とは何か？——現在の精神医学では「神経発達症群」というカテゴリーに入るものが相当し、知的能力症、自閉スペクトラム症、注意欠如・多動症、限局性学習症などが代表的なものですが、実際には多様な状態が含まれるので、「発達障害」と一括りで説明するのには無理があります。それぞれに特徴的な症状がありますが、症状だけで診断されるものではなく、その症状によって日常生活、社会生活、学業や職業などにおける機能障害が伴うことが必須の条件になります。

児童発達支援は必ずしも医学的な診断を必要とするわけではなく、発達に心配があるということでも利用はできますが、それでも発達障害に対するサービスなので、支援の焦点は障害特性やそれに伴う機能障害に集まるのは自然です。本来の発達支援は、子どもの障害だけでなく家族や生活環境も含めた多元的なものですが、発達障害を扱っているために具体的な症状や問題行動などに注目が集まり、さらには一人ひとりの障害特性に応じた支援を目指すことで個別的支援が主になることが多く、実際にエビデンスがあるといわれる療育プログラムは個人ベースのものが主流となっています。このような主流の発達支援に対して、むぎのこの集団療育の独自性は際立っています。

しかし、どんなに優れた評判の良い支援プログラムや「治療法」であったとしても、先天的な神経系の発達の異常と定義される発達障害は「治る」ものではありません。幼児期に発達障害の診断を受けて、むぎのこの発達支援や家族支援のなかで育ち、現在はむぎのこで働くようになった若者たちも、発達障害が「治った」わけではなく、発達障害の特性をもちながら生活しています。言うまでもないことですが、発達支援は「治療」ではなく、あくまでも一人ひとりの特性に配慮した育ちの支援であるので、根底にある発達障害の存在を否定するものではありません。

発達障害を治すための支援ではないとすれば、発達支援は「生きる」ことの支援であり、発達・成長の途上にある子どもにとっては「育ち」の支援といえます。つまり、発達支援とは生きる支援そのものであり、個別的な能力や機能の向上や獲得のみに還元されるものでもありません。特に、発達期の子どもについては、すべては途中経過なので、ある時点での成果や状況で評価できるものでもありません。たしかに途中経過は最終結果を予測する合理的な指標になるかもしれませんが、その後の発達・成長を決定づけるものではありません。短期的な成果に頼らず、一人ひとりの成長のペースに寄り添って見守ることが大切です。

育ちの支援の基本は、一人ひとりが最大限に成長できる条件を整えることであり、人為的に育ちを変えるというより、妨げになっているものを取り除き、安全を保障することが重要になります。それは芽吹いた草花の若芽に水を与え、強風や寒さから守ってやりながら成長を見守るような作業で、必然的に短期的に結果が出るようなものではありません。もし人為的に育ちを促進させようとするならば、それは化学肥料や農薬を使ったり遺伝子を操作したりするような積極的な介入となります。命にかかわるようなリスクの高い症状に対しては強力な介入が必要な場合はありますが、漫然とした薬物療法のような必要以上の介入には注意しなければなりません。

むぎのこの幅広い多様な発達支援は明快に説明しにくいところがありますが、たとえば学校への適応がむずかしい子どもたちに安全な居場所を保障するだけでなく、支援者がしっかりとかかわる仲間集団をもつことで、社会的な活動に参加し、自己の存在を認める経験を通して育ちを支援しているものと思われます。

自閉症の子どもたちは仲間づくりがうまくいかないということで、個別的な活動や支援が基本になることが多いかもしれませんが、むぎのこの発達支援は逆説的で、むしろ仲間関係や集団が不可欠な要素になっているのも特筆すべきところです。

むぎのこ式発達支援の核心

むぎのこのコミュニティのなかで守られ、安全な居場所と仲間に恵まれた育ちだからといって、それが「過保護」だとか「井の中の蛙」というわけではありません。たしかに高校までは護送船団のように、むぎのこの「幼なじみ」と一緒に育ってきているかもしれませんが、そこからは各自がそれぞれに大学や専門学校などに進学し、挫折も経験しながら試行錯誤の末に、自らの意志で今の仕事に就いています。大学生活への適応や対人関係にはそれぞれが苦労をしていますが、自分で進路を考えてチャレンジしたことはとても意義があると思います。

そんなチャレンジが許されるのもむぎのこ式発達支援の特徴です。伝統的な発達支援では、ともすればより安全確実な障害福祉ルートに誘導しがちですが、はじめから選択肢を絞り込むのではなく、あらゆる可能性を排除せずに自分のやってみたいことにチャレンジすることは、障害の有無に関係なく、思春期の育ちの重要な課題であり、特権でもあります。その意味で、むぎのこの若者たちは自然な育ちのプロセスが保障されているといえます。そして、まさに大冒険のようなチャレンジを可能にしたのは、むぎのこが「安全の基地」になって背中を押してくれたからではないでしょうか。思春期になっても親や支援者との安定的なアタッチメントや安全な居場所の存在は、世界を広げるチャレンジを可能にする力があります。

しかしながら、むぎのこで職を得て、自立した一人暮らしをはじめた若者たちの困難が消えたわけではなく、それぞれが生きづらさを抱えているのも事実です。自身の生きづらさについてカンタさんは、「結局いまだに私は、幼なじみ以外とはかかわれない。社会は生きづらいなと感じる。今の社会は自閉症をもっている人にはすごくつらい仕組みだと思う。私にとって、むぎのこはとりあえず生きさせてくれるところ、とりあえず生きられるところだと思って、なんとか生きている」と語ってくれました。それでも、カンタさんはあきらめの境地で生きる希望を失っているわけではなく、むぎのこのコミュニティと幼なじみの支えもあって、バスの運転手になる夢を追い続けているカンタさんの生き方こそが、むぎのこの発達支援の大きな成果といえます。

ここにもひとりで生きているのではなく、人の存在とつながりが前提となります。それこそが、まさにむぎのこのミッションである「共に生きる」です。むぎのこ式発達支援も究極的には「共に生きる」ことを目指したものであり、すべてのむぎのこの取り組みに一貫しています。発達障害の特性は人それぞれであり支援ニーズも多様なので、画一的なプログラムに落とし込むことができるものでもありません。しかし、「共に生きる」ために必要なコミュニティやつながりは、すべての支援に共通する要素であり、もっとも重要な支援基盤として大切にされています。それは縁の下の力持ちのように、外からはっきりと見えないかも知れませんが、むぎのこ式発達支援の土台であり核心です。

第十章　共に生きる
――麦の子会四十年の歩み

一　その人らしく生きる。「どうぞそのままで」――「ジャッジメント」ではなく「ケア」という概念

むぎのこに来園される方は、園庭で遊んでいる子どもの姿を見て、「本当に障害のある子どもの園なのですか？」と尋ねられることが多いです。

隣に企業主導型保育園もあり、園庭ではその保育園の子どもも一緒になって遊んでいます。同じ園庭には自閉症の子ども、肢体不自由児、医療的ケア児、難聴児、愛着に課題を抱える子どもなど、さまざまな障害特性、困り感がある子どもたちが通園し一緒に遊んでいます。楽しく夢中になって遊んでいる子どもの目は、どの子もきっとみんな同じようにキラキラと輝いています。そのためそのような質問が生まれるのだと思います。

子どもは障害があってもなくても大切な命であり同じ子どもです。これはベースになる価値

観です。ですから、それぞれが自己肯定感をもち、自己実現できるように支えていくことが大切な共通の支援目標です。

同時に子どもはそれぞれ違います。障害があったり、発達特性があったり、医療的ケアが必要な場合もあります。もちろん、子どもに対してジャッジメント（裁く）ではなく、理解するためのアセスメント、診断、医学的検査、発達検査、行動の様子、家族での様子、家族の子どもへの思いなど、トータルな観点から子どもを理解し、ニーズを把握する必要があります。

そして、その子その子のニーズに合った支援を組み立てていきます。それは障害を治して障害のない人に近づけるのではなく、子どもはそれぞれに違うので、その子らしさ、特性があるまま主体性を大切にハッピーに育んでいくことが大切だと思います。

幸せの基準は障害のある・なしではないと思います。障害があってもなくても幸せ（ウェルビーイング）が保障されるような社会をつくっていかなければなりません。このことはきっと社会全体の幸せにもつながることなのだと思います。

障害は病気ではありません。治すものではなく、治療によって変えるというより、まわりもかれらを受け入れ、尊厳をもてる家族も含めて地域のなかで共に生き、本人もこのままでいいと思えることが大事だと思います。

サンフランシスコで出会った車イスのソーシャルワーカー、ベスさんの「私は療育が嫌い」の言葉に、自分の置かれている立場のアイデンティティが打ちのめされました。でも、やはりベスさんの言う「療育を受けるたびに障害のある私を否定されたように感じていた」という衝撃的な言葉から学ぶものは大きかったです。障害のある方がそのままで生きるのに値するという価値観がベースになければ、良かれと思っておこなっている発達支援（療育）や教育はただの苦しさや自己否定感を与え、結果としてその人らしい人生ではなく相手の価値観に合った生き方の強要になってしまうわけです。

そのためには、「このままでよし」とする価値観が大切です。生まれた命を、どんな子どもも「よし」と受け入れる社会の価値観です。イタリアで障害児の教育を実践し、ボローニャ大学で教えていたクオモ先生も「存在することは至上のよろこび」（『コトノネ』vol. 46、二〇二三、三一頁）という言葉に表現されると語っていました。

これを実際の支援に落とし込むと、この喜びは子どもは遊びを通して育っていくのだと思います。障害のある子どもを障害のない方の生きる方向に変えるために努力を強いる訓練ではなく、子どもがそれぞれに楽しいと思える遊びや環境をつくることは、この仕事にかかわるベテランの保育士やセラピストならば理解していることです。

発達支援はある意味解放のための支援であって、障害を治して健常児にするという支援でありません。現実に小さな子どもたちの個人の因子を変えようと療育の場で親子ともども頑張ってきても、結果として社会がかれらを仲間に入れるのがむずかしく、閉ざされた施設に住まざるをえない環境の因子があったわけです。子どものときは社会に受け入れられるように訓練をしながら、結果として社会とは隔てられた施設で暮らすということもありました。
「障害者の権利宣言」（一九七五年）では、「障害者は、他の人々と同等の市民権及び政治的権利を有する」（権利宣言4）とあります。そのために、教育、カウンセリング、在宅支援などが示されています。これらは障害のある方の資質を最大限に開発し、社会統合、または再統合するための過程を促進することを目的としています（権利宣言6）。障害のある方の素質を最大限に発揮し生きることが輝くために発達支援はあり、その後の社会統合は、今後ますます必要になってくる課題といえます。

二〇〇一年にＷＨＯが国際生活機能分類（ＩＣＦ）を公表しました。それは個人因子と環境因子が絡み合い、障害や疾病、心身の機能、活動、参加の可能性によって健康が決まっていくというものです。障害があるということは損失があるということではけっしてなく、この損失はむしろ個人因子と環境因子の相互作用のありかたによって具現化されるもので、発達支援は個人と環境の因子によって好ましい循環をつくるという役割を果たしています。

障害児の歴史のなかで、最近は障害児支援が急速に広まってきました。その結果、障害のある子どもを支える事業所が全国にできたことはよかったことです。障害のある子どもを理解し、子どもを中心に頑張っているところはたくさんあります。しかし、この支援を受けたら障害が良くなるというトレーニングを中心とした児童発達支援事業所や放課後等デイサービスもあり、それは懸念するところです。

子どもの生活全般のなかで発達支援がどのような役割を果たすか、子どもの主たる生活の場になっている児童発達支援だけではなく幼稚園やこども園との関係機関連携も含めて、発達支援は子どもや家族も含めてトータルに考えていかなければなりません。そのため生活と切り離された塾のような、幼児期であっても個別の認知発達のトレーニングのような個別支援が増えてきているのは危惧されるところです。

認知発達は、知識や技能の獲得ではありません。むしろそれは、もっと能動的なかたちをとります。認知発達は、コミュニティの文化実践や伝統を基盤とした他者との共同の営みにおいて、個人の理解のしかた、知覚のしかた、気づき方、考え方、記憶のしかた、分類のしかた、振り返り方、問題の設定や解決のしかた、計画の立て方、などが変化していくことによって成り立つ過程です。認知発達は、人々の社会文化的活動への参加のしかたが変容する過程の、ひとつの側面なのです。（ロゴフ、二〇〇六、三一一頁）

このロゴフの言葉は、現在の子どもの支援に大切な示唆を与えてくれます。すべての子どもの存在がよしとされ、その人らしさの花を開かせるのが発達支援や教育の役割です。そしてそれは子どもを取りまく人たちがみんなで手をつなぐことです。

イタリアの教育学者キアペッタ・カイオラは、障害者というのは「目に見える本人の姿だけに集約されているわけではない。私たちが知覚しているよりも、その実態は、はるかに豊かであり、彼らのニーズを満たすための方法を一般化できないのと同じように、障害者も一般化できない独自の特別なニーズをもっている。対象者に対する統合的なアプローチの弊害として、専門家たちがバラバラに介入してしまうリスクと誘惑を乗り越えるために、そうしたニーズを発見することが、相乗効果があり調和のとれた対話的な実践になる」（ムーラ、二〇二一、一七五－一七六頁）と指摘しています。

このイタリアの教育学者の言葉は、感情的にも論理的にも絡み合いながら障害のある子どもや大人の方に接している人なら理解できると思います。私も学生時代に出会った自閉症がある少年は行動障害が激しかったけれど、彼の目に賢さを感じられたのを覚えています。

また、これまでのように子どもたちをまんなかにしたときに、バラバラな視点では子どもと家族が混乱するばかりです。みんなで子どもをまんなかに置き、調和のとれた会話ができる関係であるとき、子どもにも良い結果をもたらすことは本当にそのとおりだと思います。

二　子どもの育ちと教育・発達支援

●イタールの妻グェラン夫人と少年

アヴェロンの野生児の少年ヴィクトールが、世話役であるイタールの妻グェラン夫人に会ったときに、「生き生きとした愛着」を表し、彼が夫人と別れるときには悲痛な面持ち、そして再会したときにはやはり満足気な態度を示したと記されています（ムーラ、二〇二二）。イタールも教育的な関係性において、感情的・情緒的なつながりがどれほど根本的なものだったかということを証言する多くの場面が書かれています。

イタールは、二人の間にあるほとんどが愛撫と抱擁でできている対話について語った後に、「人々は何とでも言うだろうが、私はこうしたあらゆる子どもじみた遊戯に、進んで応じていたことを告白しておこう。少年の精神に大きな影響を与えている尽きない愛情、自然に母親の心に植えつけられるあのお節介な気配り、そして、それらが、少年に初めての微笑みを湧き上がらせ、最初の生の喜びを生み出させる、ということを思い浮かべてもらえるなら、おそらく私のしたことを理解してもらえるだろう」と観察した様子を記している。（ムーラ、二〇二二、七八頁）

少年が欲していたものと、イタールと夫人の思いやりに溢れたケアが巡り合ったことによって、少年の「閉ざされた心」がこじ開けられ、その結果、少年が「感謝の気持ちと友情という明確な感情」を抱くにいたったということがわかるだろう。

つまり、ここで明らかになるのは、感覚と知性の発達の目的は、「人間的な温かさがあって人間性を高めてくれる関係性」の中だけに位置づけられるもので、その関係性は、学習という行為に意味と価値を与える広範にわたるバックグラウンドとして役割を果たしているということである。（ムーラ、二〇二二、七八頁）

イタールは、少年の潜在能力への確信、そして教育の方法や手段の改善のために、絶えず研究を重ねていたことからくる、教育の楽観主義にいつも支えられていた。イタールは、心底落胆させられたときでも、少年を決して責めることなく、むしろ失敗を自分自身の責任にして、そこから研究を再開させた。そして創意工夫をもって、利用できる戦略や手段を再適応させるという、地道な道を歩んだ。（ムーラ、二〇二二、七五頁）

イタールがアヴェロンの野生児といわれた少年と過ごした時代である一八〇〇年はじめから二百年以上経た現在でも、この事実が私たちに教えてくれることは大きいのではないでしょうか。教育や支援では落胆させられることもありますが、けっして子どものせいにしないで、自分自身の責任をとるというイタールの教育者としての姿勢からは時を超えて教えられ感動をもたらします。

●教育や発達支援の役割

イタールの本を読んで、前述した私が大学生のころ出会った行動障害が激しい自閉症のある少年を思い出しました。そのとき感じたのは、彼の育ちのための支援の必要性です。これまでの人類の歴史のなかで、排除され孤立状態に置かれていた障害のある子どもに対しての教育や発達支援の役割は、人としての可能性のための教育と、権利擁護の必要性に支えられ自己決定につながる尊厳を保障することです。私は若かったですが、そして発達支援や教育は私が学んだ専門ではありませんでしたが、彼に出会って彼の尊厳を守るためには、彼へのリスペクトとともに、彼にあった支援や教育の必要性を感じてむぎのこをつくりました。

今の日本の特別支援教育や発達支援は、子どもたちのいろいろなニーズに対して、その専門性で対応できるように努力を続けています。そしていろいろな特性や発達に対する地道な研究・アプローチの結果、困り感がある子どもたちが、元気になりその人らしく社会で輝いて生きていくための大きな役割を担っています。それには誰もが平等に教育や発達支援に支えられることで自己決定できるということ、そして結果的に子ども自身の人生を豊かにしていくことが大切です。

そのためには、教育や福祉、発達支援は、その哲学・理念・生涯にわたる発達の視点・医学的な視点など、さまざまなことが絡み合ってこれまで以上に良い方向に発展させていかなければばなりません。

●当事者性の大切さ

加えて今後の教育や発達支援は、これまでの大人が正しいことを教えるという観点から、本人の声を聴く、本人の語りという観点がこれまで以上に必要です。二〇二三年に発足したこども家庭庁が、子どもの権利を守ることとして大事にするポイントに、子どもの声を聴くということや会議などに参画する仕組みをつくったことはすばらしいことです。障害のあるその本人や家族のピアとしての語りのなかに本質的なことがあります。本人の人生にとっても、アイデンティティの構築にとっても、当事者が自ら語ること、そしてその語りを聴くことは大切だと思います。

私たちの実践でも、お母さんを中心とした家族が語る場を大切にしてきました。わが子として障害のある子どもを育てることへの思い、障害のある子どもの存在を否定するのとは違った次元で、ほとんどのお母さんたちには、戸惑い、受け入れることのできない気持ちや葛藤があります。それは自然に湧いてくる感情だと思います。そこで自分と同じ思いである立場の人に出会い、その気持ちを同じ立場のお母さんやお父さん同士でシェアすることで、そこに生まれる共感や自己肯定感、そして時には心のなかで押し殺してきた感情が解放される気持ちであるカタルシスを感じることもあります。

障害のある子どもの子育てのつらさ、切なさ、そして喜びなど、障害にかかわる光と影が同時に語られる場はセルフケアの場となり、障害児の親としてのアイデンティティの構築につながっているのではないでしょうか。そして徐々に自分たちの存在意義を再発見して、エンパワーメントされ、障害児がいる状況は変わらないのですが、自分に対しても子どもに対しても、まわりの人たちに対する肯定感につながっていくように思います。

以前にむぎのこクリニックにいた木村医師が、むぎのこのお母さんを対象に面接調査をしました。その結果は、「教育や医療、福祉の支援も大切であるが、それ以上に同じ立場の当事者同士のつながりによって回復につながる」という結論を出されました（第七章一八九－一九〇頁参照）。むぎのこでは、たくさんの自助グループがあり、子育てする側のピアカウンセリングをおこなってきました。加えて、障害のある当事者本人の声や子ども同士のピアグループの場を大切にしてきましたが、今後はより一層、子どもの声を聴くことを実践としておこなっていくことが大切だと思っています。

三　福祉の仕事と心理支援の必要性

一人ひとりが肯定され、その方の願いが叶うような暮らしや社会をどうつくっていくかが福祉の仕事です。そのために発達支援や家族支援、地域支援があるのです。発達支援を福祉の観点、医療の観点、教育の観点からみるとき、それぞれに違いはあります。

以前、札幌市の自立支援協議会子ども部会で、私たちが教育と福祉の連携プロジェクトをおこなったとき、子ども部会の一員として参加していた教育委員会のI先生が肯定的な意味で、「やはり教育と福祉は文化が違う」とおっしゃった言葉が、私たちの心に突き刺さりました。同時にとても納得しました。それぞれに「文化が違う」「違っていい」「違った役割がある」、だからこそ、そこには多様性が生まれ豊かさにつながっていくということです。そして子どもをまんなかにリスペクトある連携が必要なのです。当然のことですが、違う視点の集まりだからこそ、子どもも支援者も豊かになれるということをこのとき学びました。

私たち福祉の役割は、本人のウェルビーイングを求めることです。ウェルビーイングは、「本人の人権の尊重」「自己実現の保障」も目指して、アドボカシーやソーシャルワークを実践していくものです。

障害や病気が健康ではないということではありません。福祉としての発達支援は、ベスさんが教えてくれた「障害を治す」のではなく、障害があるままで、自分の声が大切にされ、幸せに生きて、自己実現をしていくことです。“Just the way you are.”（あるがままのあなたでいい）ですね。教育や発達支援の必要性とともに、本人の声を聴くこと、自己決定を応援していくことは福祉の根幹をなすものだと思います。

子どもの声に耳を傾けなければ、マジョリティー（多数派）のなかで悲しい思いがみえてきません。

あるお父さんが、「子どもが生まれる前にむぎのこの前を通ったことがある。きれいな建物でここは何だろうと思ったけれど、発達相談室と書かれていたので障害のある子どもが通うところだとわかった。その瞬間私には関係ないところだと思った。まさかここに自分の息子が来ることになるとは思ってもみなかった」、「私はわが子が自閉症だと診断されたとき、すすきののお店の誰もいないトイレで号泣した」と語ってくれました（前々書参照）。

この悲しみは何なのか。

「障害児がいることは、もうすでに一般社会では生きていけない烙印を押された気持ちになる」、「一生不幸に生きていくのか」、「けっして子どもは悪くないが、自分たちが障害児の親として生きていく自信もないし、どう生きていったらいいのかわからない。つらい」。

このことを私は何人ものお母さんやお父さんから何度も聞きました。私はこのようなお母さんやお父さんたちに出会って、この気持ちへのアプローチは簡単なことではない、遅ればせながらもっと専門的に心理学を学ばなければならないと思ったのです。

そして西尾和美先生に勧められてアライアント国際大学・カリフォルニア臨床心理大学院で学び、障害のある子どもを育てる保護者には、もっと心理的なケアが必要であることを教えられました。そこで学びながら、お母さんたちやお父さんたちのためのグループカウンセリングや心理カウンセリングを中心とした心理支援をおこなってきました。また、いろいろな理論や技法を学び、その方に合ったカウンセリングやセラピーをしていくことが大切なことであると教えられ、トータルにカウンセラーとしての力をつけていくことを鍛えられました。

前述したように、ここで学んだ大きなことのひとつに、専門家の支援も大切であるけれど、当事者同士の支え合いの観点も忘れてはいけないということです。

サンフランシスコにあるアジア人のためのメンタルヘルスセンターで、難民の方がたが月一回集まってアメリカ社会でマイノリティとして生きる大変さを分かち合い、エンパワーメントされ、自分たちの民族としての誇りをもって社会に出ていく姿を学びました。その姿に社会のなかでマイノリティの立場である方がたが集まって、自信と誇りを回復することの大切さを学びました。今むぎのこでは、お母さんたちがたくさんの自助グループで語り合い対話する文化ができています。

四　制度を考える

●インクルージョンとは

一九七五年の障害者の権利宣言では、「障害者は、他の人々と同等の市民権及び政治的権利を有する」と、そして一九九四年のサラマンカ宣言（声明）では、「通常の教育システムにおいて、特別な教育的ニーズのある子ども、青年、大人に対する教育を提供することへの必要性と緊急性」という趣旨が明言されています。その内容としては、教育はすべての子どもの基本的な権利であり、教育システムやプログラムはすべての子どもが有している独自の関心、性格、学習ニーズの多様性を考慮して実施する必要があることなどが指摘されました。そのことは特別支援教育や発達支援をおこなうことが非常に大切であるということでもあります。ですから特別支援教育や発達支援はインクルーシブ教育とはまったく矛盾しないことなのです。

日本は、高いレベルの特別支援教育や発達支援、また障害のある方の暮らしや働くことの保障をおこなってきています。このことを次にどのように発展させられるかが大切な課題です。

インクルージョンは一人ひとりの人間の尊厳が守られることです。こども家庭庁のスローガンに「誰一人取り残さない」とあります。まさにインクルージョンです。また、インクルージョンはあらゆる生命の誕生について、妊娠期も含めて、生命に対する価値と尊厳を大切にする社会であると思います。

「生まれてきてくれてありがとう。」

●スウェーデンでのインクルージョン

二〇二三年五月にスウェーデンの保育園を見てきました。五年前には障害の重い子どもの保育園がありましたが、それはもうすでになく、一般の保育園のなかにインクルージョンのクラスがあり、十名ほどのクラスの半分に障害のある子どもが在籍し、障害児支援を学んだペダゴーグという職員がほかのクラスより手厚く配置されていました。

市からスペシャル・ペダゴジーという特別支援の先生が巡回指導をし、ハビリテーションが必要な場合は、ハビリテーションセンターから作業療法士（ＯＴ）、理学療法士（ＰＴ）、言語療法士（ＳＴ）などが派遣されます。このようにスウェーデンではインクルージョンが進んでいて、理念に向けて努力をしているということが伝わってきました。

「インクルージョンクラスの障害のない子どもがほかのクラスで活動したいなどの、親御さんの声はありますか？」と聞いたところ、「インクルージョンクラスは、手厚いし学びも多いので親たちからは人気です。もちろん子どもにも」とのことでした。

障害のある子どもがクラスにいたら、ちょっと困るといったことがまだまだ残っている日本の実状と違います。それだけ社会からの子どもへのサポートが手厚いといえます。今は完璧ではなくても理念に向けて努力していく姿勢が大事です。一歩一歩の歩みです。日本でも遅かれ早かれこのようなインクルージョンがより進んでいくのではないでしょうか。

●日本でも幼児期のインクルージョンを求めて──新しい制度の必要性

日本においては、障害のある子どもが通園する児童発達支援センターは、障害のある子どもと家族の専門的な支援の場です。現状の機能は、地域を支える地域支援、家族を支える家族支援、子どもの発達を支える発達支援の三つの機能が柱になっています。

児童発達支援センターは、二〇二四（令和六）年四月から地域の保育園や幼稚園、こども園・子育て広場を支える機能を充実させ、地域こども発達サポートセンターのような機能をもつ方向に動いています。

障害のある子どもの支援は大切で必要なことです。しかし、制度として障害児支援が障害児だけが通園する場になっていることは、変わっていくことも必要です。児童発達支援センターが地域を支える専門的な部門のほかに、通園部門は何らかのかたちできょうだいなど、障害のない子どもも希望すれば通園できるようにすることができたらいいと思います。

インクルージョンを推進し、こども園になることは、制度としてインクルージョンの実現に通じることであり、同じ制度のこども園に受け入れられることで、手厚い支援が必要な障害のある子どもは、障害児だけが通園する障害児の児童発達支援センターに通園しなければならないという障害児のお母さんやお父さんの悲しみを、すべての子どもが通園できるこども園の存在によって少しでも軽減させられるのではないでしょうか。

もちろん児童発達支援センターのこども園は、専門性の高い発達支援に強い園として存在します。地域の障害児を受け入れている子どもの機関にサポートするアウトリーチの支援をするわけですから、職員の専門性の担保のためにも、学校でいえば大学の附属幼稚園のイメージで地域を支えるセンターの附属園のような機能も必要です。それが、それぞれの子どものニーズに応じた支援を提供していくことができる機能をもつことです。

●障害のある子どもにも毎日その子に合った支援が必要

現在、障害のある子どもが保育園・幼稚園に在籍しながら、児童発達支援センターに通園するという並行通園が一般的になってきています。しかし、乳幼児期の大切な時期に、毎日違うところに行くということが果たして子どもにとって良いことなのでしょうか。

私は長年子どもを見ていてそうは思いません。障害のない子どもは、三歳くらいになればほとんどが保育園や幼稚園に通園していますが、障害のある子どもは療育が必要ということで、週のうち一、二回、児童発達支援センターに通園している実態があります。これは、保育園・幼稚園に、障害児支援巡回や研修アウトリーチをもっと充実させることでかなり解決できるのではないでしょうか。

子どもには、特に障害のある子どもには安定した日常の積み重ねが必要です。毎日その子に合った日常の活動の積み重ねと保育者との関係性の積み重ねも必要なのです。そのような意味で、児童発達支援センターに毎日通園が必要な子どももいます。

これまでたくさんの発達に心配のある子ども見てきて、障害が重い子どもだけではなく、ほかの子どもと比べてしまい自分ができないことに落ち込みやすい軽度の子どもにとっても、安心できる場が必要であり、できる・できないのものさしで見ない小グループでの発達支援の場が必要であると感じています。その小グループは、仲間のなかで自己肯定感を育み、アイデンティティの形成や将来のピアグループにもつながります。障害を治してふつうに近づけるのではなく、それぞれに違うその子らしさ、その子その子の違ったアイデンティティを尊重し合い、主体性を育んでいくことが大切だと思います。

五　インクルージョンの目指すもの

イタリアに行って、それぞれの子どもの育ちや場の統合ということを超えて、インクルージョンは、子どもの育ちや健全な社会を創造することにとって非常に重要なことだと感じました。

イタリアのインクルージョンは歴史もあり、おばあちゃんたちの代からあるため、とても自然だということでした。インクルーシブ教育とは、障害児と健常児がただ一緒にいればいいということではありません。障害児だけではない子どものニーズを地域の保健機構が把握して、支援計画を立ててモニタリングし、その子の育ちを保健機構として地域のみんなで考えるシステムがまんなかにあるのは大きなことです。

イタリアの学校では、障害のある子どものための職員ともうひとり、その子がほかの子どもたちとうまくやっていけるための環境をつくる役目の先生がいるそうです。むずかしい言葉でいうと合理的配慮を提供する役割の先生ですね。理解するということは障害児を理解してもらう一方的なことではなく、クラス全員のためになるのです。これがインクルージョンなのではないでしょうか。能力主義ではなく、理解し合ってみんなが手をつなぎ合えるのがインクルージョンだと思います。

●特別支援・発達支援そしてインクルーシブ教育との融合

これまでの日本の特別支援教育や発達支援を、いかにインクルーシブな場で生かしていくかは、新たな挑戦かもしれません。

これまで、私たちは二〇一六（平成二八）年から地域の通常学級の支援にサポートとして福祉の立場で入らせていただきました。また放課後等デイサービスでも、障害の重い子どもたち、そして軽度の発達障害の子どもたちに対してさまざまな場で一緒に活動してきました。私たちの実践では、幼児期の子どもたちは、障害の重い子どもと軽度の発達障害の子どもたちを一緒に育ててきました。設定場面ではグループ分けで活動し、自由遊びや給食、お昼寝、リズム運動など、ほかはほとんどの時間一緒にいても、幼児期ですから子どもたちは感覚的に子ども同士理解し、同じクラスの友だちです。

話のできる発達障害の子どもが実習生などに、「今〇〇くんは、〇〇先生が好きだからもっと一緒にいたくて、お昼寝に行きたくないんだよ」、「プールが好きだから、連れて行ってあげて」、「この本はみんな好きだよ」と教えてあげることもありました。

実は子どもが集団でいても、職員の側は、子ども一人ひとりの個別的な対応をそれぞれに考えていますが、子どもたちの側ではクラスの仲間意識が自然と生まれています。先生たちがみんなクラスの大事な子どもとして存在を肯定していることが、そのような子どもの意識を育んでいると思います。

必要なことは、障害のある子どもたちとかかわるときの大人の姿勢、それぞれ違いはあっても、クラスのみんなを大切にしている姿勢と同時に違いに対する配慮や方法です。

たとえば、朝の会の返事のしかたも、子どもの発達や特性によってかかわりが違ってきます。先生が呼ぶとその場で手を挙げて返事する子ども、近寄ってきてタッチする子ども、先生が近づいてタッチする子ども、先生から声をかけて頭をなでたりしながら、「おはよう。よく来てくれたね」とかかわる子と、先生との距離もさまざまです。むぎのこの朝の会の挨拶のしかたは一律ではなく、すべてよしとしています。

参加できない子どもは、個別のかかわりで、見ている段階、好きな先生に抱っこされて立っての参加、大人に抱っこされてイスに座っての参加と、朝の会の参加のしかたも子どもによってさまざまです。むぎのこの心理の武田先生は、「朝の会はひとつの社会だからね。それぞれのしかたで少しずつ参加を促して社会の仲間入りができる支援が大切だよ」と言います。

三歳のケイタくんは、まわりのことを理解していますが、朝の会に参加するとなると、できるかどうか自信がないようでした。失敗したくないという気持ちが先に立ち、かたくなに朝の会に参加しませんでした。「遠くから見ての参加でいいんだよ」、「ケイタくんはこれで大丈夫だから」という日々が続きました。またお母さんをコントロールする姿も見えてきました。そこで親子通園した日には、お母さんはケイタくんのことをあえて気にせずに、朝の会にお母さん自身に参加してもらいました。ケイタくんは、お母さんが自分のほうに来ないことに少しイライラしたこともありました。先生がちゃんと見ていることなど、少しのことでも肯定され自信がついてくると、少しずつ朝の会へ参加しはじめて、お母さんへのコントロールもなくなり、自分からいろいろな活動に参加するようになりました。こうしたケイタくんのことを理解し、受け止めつつケイタくんの行動のコントロールに振り回されない、しかもそれをお母さんにも伝えながらするので、なかなかむずかしい支援スキルですが、ケイタくんの発達アセスメントの特性や家族関係や心情を理解することやチームで支え合うことで大丈夫になります。子どもを受け止めて、その関係性で子どもを導く、そしてお母さんを励ます。それが日常の場面でＰＣＩＴという親子関係の調整プログラムのかかわりになっているとあとから気づきました。

朝の会にあんなに参加を拒否していたケイタくんですが、今は中学生となり野球部で活躍しているそうです。時どきむぎのこに友だちがいるので顔を出してくれています。

中学生の子どもの放課後等デイサービスで、みんなで英語の勉強をしていたときのことです。このグループにはいろいろな子どもがいました。そのため英語そのものを理解するのがむずかしく、アルファベットや単語の書きとりをしている子どももいました。そのなかのひとりヒロヤくんは性格もおだやかで一生懸命なのでみんなヒロヤくんが大好きでした。進学校を目指していた高機能の自閉症があるＪくんは、ヒロヤくんを少し下に見ていた感じがありました。そのためあるとき、「成績だけが人間のすべてじゃないよ」という話をしました。「わかった子は、わからない人に教えてあげてね。わからないことを聞くことは恥ずかしいことではないし、わかったことを人に伝えることもすてきなことだよ。相手のためにもなるし、自分のためにもなるんだよ。ここではみんな一人ひとり対等でみんな大事な人だから」というような話をしました。

それから支え合う意識が自然にできてきたと思います。Ｊくんも自分の課題が終わるとヒロヤくんの課題を手伝ってくれるようになりました。また高校に進学後、一学期のテストで赤点を取ったヒロヤくんの追試ために、夏休みに毎日仲間の男子が順番に交替して通学に二時間かかる学校に一緒についていったのは驚きでした。それが高校生活三年間続きました。このように大人の子どもとかかわる意識が子どもに影響すると思います（このエピソードは前々書に詳しく紹介されていますのでご参照ください）。

大人が子どもと一緒に社会的な関係を築く力も必要です。それには子ども一人ひとりの違いへの配慮も必要です。その違いを集団の豊かなものとして受け入れていくための経験、専門性、知識、スキルなどを身につけていることが、インクルージョンにつながると思います。

これはインクルーシブ教育というより、特別支援教育や発達支援そのものかもしれません。個々の支援と集団のかかわり、違いがあるなかでも多様性の尊重を大切にしてきた特別支援教育そのものだと思います。そのため質の高い特別支援教育や発達支援においても、今後はより一層障害のない子どもも含めてお互いを理解し合うことや専門性、スキルを高めていく必要があります。

「共に生きる」は、理念であり科学でもあります。そのために、医療、教育、福祉、心理などがあるわけです。人間としての新たなありかたを相互的に、そして協働の取り組みとして論理的にも考え抜いた認識を実践していかなければならないと思います。

日本はとてもレベルの高い教育と支援、福祉サービスのある国だと思います。

しかし同時に課題もあります。施設ではまだ虐待があって表面化されることがしばしばです。パワーバランスのあるところにいじめの問題も生じ、子どもたちの心も傷つけ、人間関係に怯え、勇気をもって自分らしく生きることをはばんでいます。

公的なサービスが整ってきた現代においても、子どもの障害に必要なケアの問題が、「個人の問題」「家族の問題」と追い込まれるような状況がまだあると思います。

私が大学一年のときの社会福祉原論の最初のレポートの課題が「私が感じている社会問題」でした。そのときのレポートに私は、「養護学校義務化の良い点と課題」について書いたと思います。これまで教育を受けることのできなかった障害のある子どもの教育を受ける権利が与えられたことは、人として当然のことだったといえますが、「養護学校義務化」という言葉に象徴されるように、多くの反対運動があり、その時点では地域の学校という選択がむずかしくなったのも事実でした。

歴史は少しずつ進んでいくのだと思います。いろいろな困り感の高い子どもが多くなり、特別支援教育のニーズが高くなっているのが今の現状です。すべての子どもに、その子に合ったオーダーメイドな教育の必要性が望まれている時代になってきているといえます。

障害児が生まれた場合も、その子に合った適切な支援や教育がなされ、そしてあたたかくみんなで育てる、そんな未来のために新しいインクルージョンのありかたがあるのだと思います。けっして発達支援や特別支援教育とインクルーシブ教育は対立することではないのです。

二〇二三（令和五）年こども家庭庁ができて、すべての子どもと子育て当事者をあたたかく包むことに取り組む時代となりました。ウェルビーイングは人権の尊重であり自己実現の保障です。そのために本人の意思をまんなかに置き、教育、発達支援、医療、ソーシャルワークが手をつなぎ、障害のある方、困り感のある方の人権が保障され自己実現が図られ、障害のある子どももない子どももみんなが主人公になるためには、支援する側が人権の意識を高め、共に生きるための支援と教育の手だてを積み重ねていくことが求められます。差別やいじめのない社会のために共に歩んでいきましょう。

【文献】

コトノネ生活（二〇二三）『コトノネ』Vol. 46、三一頁
ロゴフ、バーバラ著・當眞千賀子訳（二〇〇六）『文化的営みとしての発達――個人、世代、コミュニティ』新曜社
ムーラ、アントネッロ著・大内　進監修・大内紀彦訳（二〇二二）『イタリアのフルインクルーシブ教育――障害児の学校を無くした教育の歴史・課題・理念』明石書店

おわりに――ソーシャルインクルージョンを目指して「共にある教育」

社会にはさまざま人が暮らしています。ソーシャルインクルージョンとは、「社会的包摂」と訳され、社会的にすべての人びとを孤独や孤立、排除や摩擦から援護し、健康で文化的な生活の実現につなげるよう社会に参画する構成員として包み支え合うことです。

障害のある子ども、障害のある大人、子ども、高齢者、外国人（難民を含む）、失業しているなど経済的に困っている人など、社会的に弱い立場の人を社会の一員として包み支え合うことです。多様性があることを認め合い尊重し合う社会です。

そのためにはどうしたらいいのでしょうか。暮らし、働くこと、余暇の過ごし方など、さまざまな取り組みが必要ですが、ここでは人びとの意識をつくる幼児教育も含めた教育について考えたいと思います。

「共にある教育」の必要性です。子どもは大人の社会から学びます。ですから大人がまず、社会にはさまざまな子どもや大人がいて、それぞれが違っていても尊厳が守られる存在であるということ、人権に対する意識をもっていくことです。特に幼児教育や学校教育に携わっている方がたの使命は大きいと思います。

それは、一人ひとりは人権が尊重され、自己実現が守られる存在であるということを前提に、インクルージョンで大切なことのひとつは、それぞれに違うアイデンティティや包み込まれるべき人の特性への理解をすることです。障害がある場合は、その特性や学習のしかたが違うこと、たとえば難聴の子どもへの支援、医療的ケアの必要な子どもへの支援、肢体不自由児に対する支援、それぞれの障害特性や学習スタイル、身体への支援、医療の必要性などに合わせた理解や支援が必要です。また同じ診断がついたとしても子ども一人ひとりによって違いがたくさんあります。外国人の子どもも含めて一人ひとりのニーズをみんなで理解し、その子どもの今を肯定して対応していくことが大切です。それがサポートするときに、環境とのかかわりで障壁を除く合理的配慮だと思います。

小さなころから、その子その子の楽しみや興味を広げ、違いがあっても認め合い、共に生きる。そんな合理的配慮がなされたクラスで学ぶことができたら、みんなの生きることへの肯定がはじまるでしょう。子どもにとっては、優しい肯定的な人や環境が何より大切です。

インクルーシブ教育は、ただ一緒にいるだけでは違いがデフォルメされ、却って理解し合えず、違った人を排除しようとするいじめなどが起きやすくなります。またその子の自己実現が保障されなくなる場合もあります。

インクルーシブ教育の原点は人権の尊重です。保育現場や教育現場にいる大人や関係者が、子どもの違いを理解し、それぞれのアイデンティティやものの見方・身体のことなど一人ひとりの違いを尊重し、その関係性のなかで子どもは自然と人権意識を学ぶスタイルを身につけていきます。

一人ひとりの子どもに合った学習やサポートも必要です。そのための個別支援計画は、WHOで決められた「生きることの全体像」をみる生活機能モデルであるICF（国際生活機能分類）に基づいた、その子が活動や参加を通して自己実現できる支援です。このICFの考え方は、99パーセントインクルージョンを実現しているイタリアでもとても大切にしています。

このようにいろいろな子どもが合理的配慮をされながら一緒に取り組める活動を工夫し、共に認め合い、楽しめる活動も大切です。具体的には幼児教育・学校には子ども同士の違いを理解し合うために、合理的配慮教育のための職員の配置も必要です。また、教員や保育士養成課程において、クラスのみんなが学べる学習のスタイルのありかたを研究実践していかなければなりません。

違いが尊重され、それぞれの主体性が尊重され、自己実現を可能にするためには、人の意識や制度などが変わっていく必要があります。まだまだ少しずつで時間はかかりますが、これからの社会を考えるときには必要なことになると思います。

一生懸命生きている人が、自己肯定感が失われる社会ではなく、能力だけではなく、みんなが安心できる社会のために、障害のある子どもと「共にある教育」は、それぞれの違いを認め合い寄り添い合うやさしい社会をつくるソーシャルインクルージョンの原点になるのではないでしょうか。
それは新しい人権モデルともいえるでしょう。

二〇二四年四月
著者を代表して　北川聡子

執筆担当

・はじめに：北川聡子（麦の子会理事長）

● 第一部
・第一章：北川聡子
・第二章：北川聡子
・第三章：北川聡子

● 第二部
・第四章：北川聡子
・第五章：古家好恵（麦の子会統括部長）
・第六章：北川聡子
・第七章：髙本美明（麦の子会子ども家庭ソーシャルワーク部部長）
・第八章：北川史花（麦の子会 PRD 室室長）

● 第三部
・第九章：小野善郎（おのクリニック院長）
・第十章：北川聡子

・おわりに：北川聡子

※写真提供：むぎのこ

編者紹介

北川聡子（きたがわ　さとこ）

社会福祉法人麦の子会理事長・総合施設長。公認心理師

1983 年北星学園大学文学部社会福祉学科卒業と同時に麦の子学園を立ちあげる。
2005 年アライアント国際大学・カリフォルニア臨床心理大学院日本校臨床心理学研究科修士課程修了。現在まで子どもの発達支援と家族支援にかかわる。

古家好恵（ふるや　よしえ）

社会福祉法人麦の子会常務理事・統括部長

1994 年看護師として麦の子学園就職。2009 年北海道教育大学大学院教育学研究科学校臨床心理専攻修士課程修了。2020 年 4 月～ 2024 年 3 月医療型児童発達支援センター札幌市みかほ整肢園園長。

小野善郎（おの　よしろう）

おのクリニック院長

和歌山県立医科大学卒業後、総合病院精神科、大学病院、児童相談所などで児童青年精神科医療に従事し、2010 年 4 月～ 2023 年 3 月和歌山県精神保健福祉センター所長。医学博士、精神科専門医、日本児童青年精神医学会認定医、子どものこころ専門医。

「共に生きる」未来をひらく発達支援
――むぎのこ式子ども・家庭支援 40 年の実践

2024 年 9 月 20 日　初版第 1 刷発行
2025 年 3 月 15 日　　　第 2 刷発行

編著者　北川聡子
　　　　古家好恵
　　　　小野善郎
発行者　宮下基幸
発行所　福村出版株式会社
〒 104-0045　東京都中央区築地 4 丁目 12 番 2 号
電話　03-6278-8508　FAX　03-6278-8323
https://www.fukumura.co.jp
印刷・製本　中央精版印刷株式会社

ISBN978-4-571-42083-2　Printed in Japan